GONGCHENG XIANGMU GUANLI CAOZUO SHIWU

工程项目管理操作实务

金雷　著

U0930919

中国纺织出版社

图书在版编目(CIP)数据

工程项目管理操作实务/金雷著.—北京:中国纺织出版社,2018.2（2022.7 重印）

ISBN 978－7－5180－4595－2

Ⅰ.①工… Ⅱ.①金… Ⅲ.①工程项目管理 Ⅳ.①F284

中国版本图书馆 CIP 数据核字(2018)第 014774 号

工程项目管理操作实务

策划编辑:樊雅莉　　　　责任印刷:王艳丽

中国纺织出版社出版发行

地址:北京市朝阳区百子湾东里 A407 号楼　邮政编码:100124

销售电话:010－67004422　传真:010－87155801

http://www.c－textilep.com

E－mail:faxing@c・textilep.com

中国纺织出版社天猫旗舰店

官方微博 http://weibo.com/2119887771

三河市延风印装有限公司印刷　各地新华书店经销

2018 年 2 月第 1 版　2022 年 7 月第 2 次印刷

开本:889×1194　1/16　印张:17

字数:120 千字　定价:68.00 元

凡购本书,如有倒页、脱页、缺页,由本社图书营销中心调换

前　言

为了规范建设工程的项目管理操作工作，根据项目管理的理论和相关作业要求，结合常年项目管理工作的体会，对建设项目的程序工作各实施阶段的具体操作进行了总结，编写了这本《工程项目管理操作实务》，意在便于读者从项目管理操作层面上加深对建设项目管理工作概念和要求的理解，以避免具体工作中顾及不周产生的疏漏，并使实际操作的条理清晰，管理工作的主动性和工作效率得到提高；同时，在实际操作中，由于时事的发展和进化会产生相应的调整、变更，需要对相关编制的操作指南进行系统的解读和做一些与适应目前要求变化的补充。

本书基本按照建设项目实施程序执行的先后环节分别给予阐述。从实际操作过程的实际需要和实施经验出发，对各项建设项目程序各项管理工作步骤的分解和说明。但是，在建设项目的实际实施过程中，操作人员还应根据实际情况合理、灵活使用管理原则和方法，以便符合工作服务对象和所针对实际项目工作的需要。

由于项目管理的形式和内容是根据建设项目和建设方的要求而各不相同，所以在实际工作中应根据实际工作性质和工作内容的需要，进行有针对性方法和措施的选择。除此以外，项目管理人员首先应对项目建设的整个流程的情况和要求予以了解，以便使自己的工作范围、职责、方向、要求能够与相关工作的前后关系得到最适宜的衔接。

因为时间有限，本书目前仅为完善工程项目管理工作的探索，还有待于进一步完善。肯定会存在一定程度的差错和不完备之处。希望读者提出宝贵意见，使之不断完善，从而给项目管理工作人员提供更多的参考方便。

金雷

2017年8月

目　录

第一讲　项目建设的筹划

内容要点：项目管理工作人员在项目正式启动前，在保证项目在按照有关各项规定操作的前提下，应遵循科学建设项目的原则，尽可能满足建设方的建设宗旨、要求，做好项目申报前的各项准备工作，使后续项目建设工作的推进符合程序要求而顺利进行。

建设项目的确立首先需申报项目建议书，而编制项目建议书前，应该对拟建的项目和项目管理工作进行初步筹划。此项工作主要是由建设方进行，也可委托专业的项目管理单位进行。不管是谁接受项目管理工作，首先应该了解拟建项目推进工作需要准备的条件，以便根据建设方的需要以及我国关于建设程序的规定、要求，开展有针对性需求的各项项目管理工作。

1 项目管理筹划工作的主要内容

1.1 确定建设项目管理的形式。在初步拟定建设项目的设想，提出项目管理的控制性要求（包括项目的功能、规模、投资、质量、工期）等要素，根据建设方的对项目管理的要求，研究确定对项目管理的初步形式（包括自管、代建制、代甲方制，以及以自管为主委托进行针对性管理咨询服务为辅的方式等），拟定相关管理或咨询（包括项目管理、投资控制、设计勘察、招标代理、施工监理、专业评估、测绘检测、竣工资料编制等）服务的方案、计划、措施等。

1.2 确定建设工程目标。在详细了解建设方领导对项目建设功能的需要（包括项目工艺、建设规模、投资条件等情况）的基础上，以及根据建设方对建设项目的资金筹措 能力（包括政府拨款、银行贷款、自筹资金、联建投资等），拟定申报建设项目的初步建设规模，包括建筑面积、建设投资、项目实施周期等。

1.3 准备项目管理的具体操作方案，拟定具有针对性的各种项目管理咨询合同文件，以及委托咨询服务单位的选择方案。

1.4 项目管理的准备工作包括以下事项

1.4.1 明确拟建项目工程选址条件的初步要求，并初步协调、选定项目建设的地点（包括备用选址），以及对应功能的需要，明确项目建设工程的主要指标（包括建筑面积、投资估算等）的拟定。

1.4.2 了解项目建设地的地方规划部门对拟建项目建设地已经获批的控制性详细规划要求（包括用地性质、用地指标的规划控制要求、以及建设项目所属分类建筑在选定详规范围内的建筑指标等），取得拟建设项目相关选用地块的控详规划图等资料，以便确定准确的用地范围和要求，如果超出详规要求，则应考虑有无调整详规的可能，并在需要时申请详规调整，使项目建设符合政府规划控制的要求。

1.4.3 其他与编制项目建议书内容相关的资料，以及对项目实施基本管理方法进行完善的思考。

1.4.4 拟定并明确项目建议书是否委托编制（一般情况下应委托有资质的编制单位操作，对项目的确立较为有利）。如果确定委托编制，应研究、明确委托编制的单位。项目建议书编制单位确定后，建设方应予以配合，根据编制单位的要求，提供必要的工作条件和资料。不管是否委托编制，建设方都应对编制项目建议书条件的相关工作有所充分的准备，以便检查、复核资料并保证项建书编制的完整性，并具备过的批准的可行性。

1.4.5 项目管理计划的准备。

1.4.5.1 根据系列贯标要求，应进行项目工作目标制定和项目环保、安全、质量、投资、进度等相关控制目标的指标编制。

1.4.5.2 项目工作规划、计划或实施细则编制。包括进度计划、投资计划、项目管理各专业人员配置计划、项目管理所需的必要办公场所、设备及办公用品配置计划等，以及项目推进前期所需各项费用的使用计划并予以落实，保证项目初步设计评审通过后，相关政府拨款、银行贷款等资金到位时，项目筹建的资金费用能够衔接得上。

1.4.5.3 进行项目推进的各项程序及各项程序使用的各种表式设计、编制，并通过各咨询服务单位的完善（包括所有表式执行的程序和使用说明的准备），保证项目推进中执行各项手续贯彻规范化、标准化要求，同时应保证经建设单位领导审查批准后能付诸实施。

1.4.5.4 项目人员组织、计划向建设单位领导申报；获批后由设置的项目管理组织归档备用，并参照执行。

1.4.5.5 落实项目人员办公场地和办公设备、通信条件，信息资料传递的方法，在人力资源根据项目推进情况逐步充实的情况下，分阶段明确到岗相关工作人员的工作，并逐步协调、完善，贯彻因事设岗原则，可兼职兼岗，避免因人设岗造成人力资源的浪费。

1.4.5.6 落实项目管理人员工作的交通措施及需要现场工作、值班的制度安排。

1.4.5.7 完整项目管理系统计划文件并向上级报告，在完成管理委托合同后办理项目任务书、项目经理任命书和人员调配手续；

1.4.5.8 按照计划要求，添置或调配相关工作设备、器具、办公用品的工作，并逐一进行登记，注意要将各方提供设备分别、分类登记，并保证办公设备的运行维护，在使用结束后及时如数归还；

1.4.5.9 明确电脑和文件资料的管理制度，保证项目推进过程中的各项资料妥善保存；对项目设置电脑文件进行分类、编码的准备工作；做好各专业文件资料夹设置工作，以便项目实际操作过程中的各项资料能够具备及时整理和归档的条件，避免发生任何紊乱的现象；

1.4.5.10 组织项目管理全体成员会议，布置和明确工作计划要求、分工及岗位职责要求，日常工作要求以及贯标要求，各项程序工作要求及相关应用表式，明确项目环保、安全、质量、投资、进度等目标，以及相关措施和注意事项，使计划落实具备充分的保障条件。

2. 明确责任

上述工作，不管是建设方委托的项目管理单位实施还是自营管理，都必须明确所有项目管理人员应承担的责任，项目管理部门或受委托的管理单位，应协助建设方领导筹划项目建设各项准备工作。

2.1 对项目建设功能需要的确定。建设项目不管是生产性，还是商业性、或者是行政办公、市政服务设施，都要对项目建设功能有一个确切并尽可能完善的了解（包括配置依据、使用标准），以便确定建设项目的基本建设指标，为申报和通过审批创造条件。

2.2 应组织和编制设计任务书，将建设建设方依据项目的功能，特别对今后的项目建设的设计要求，进行尽可能详尽、规范且简要地阐述。编制设计任务书的过程，也是建设方或项目管理方审查项目拟定功能要求准确性的复核过程。所以，建设方和项目管理应该重视项目设计任务书的编制，对建设方提出的要求，应有书面记录归档，并将项目功能确定的项目建议书和项目设计任务书两项编制工作有机结合在一起，以便提高工作效率。

2.3 有条件的建设项目，可以参照同类、同等级项目的相关参数。无参考的则要进行有充分依据的计算和说明，这些工作也可委托有资质的，可进行项目建议书、可行性报告专业编制单位同步委托操作。

3. 对应项目功能需要，拟定初步项目建设指标

项目的主要建设指标包括项目建设用地面积、项目总建筑面积、基本结构形式、项目投资金额计划，其中项目建筑和安装工程的总费用指标。这些指标在项目建议书编制和审批中应予以明确，以便及时办理建设项目报建和执行后续程序的工作。应该注意，项目建议书编制要有建设初步指标（主要是建设项目用地面积，建筑总面积、项目总投资和项目建安投资等指标），并争取项目建议书批文下达也能包括这些指标。如果批文不能明确这些指标，则项目报建和领取项目卡（IC 卡）的内存信息则不完整，需等到项目可行性研究报告批复后方可补充完整，会对项目可研报告批准前的前期程序工作带来不便，造成需增加这些程序申报工作时的说明，或者推迟和调整某些程序工作的进程，这对提高工作效率不利。应引起建设方和项目管理咨询工作人员的注意。同时，应对拟建项目有一个初步的工程设想，以便项目正式立项前能开展有助于完善这个设想的各项工作。.

4. 项目初步选址调查

在筹划项目建设功能要求初步确定的前提下，应确定项目各项配套的基本要求，包括项目使用过程中需要输入的人员、材料和原料、基本设备、产品和半成品，以及项目建成后输出的产品或商品、废弃物，包括可能产生的污染物等的情况。在此基础上，对项目拟建地点，进行实地了解和考察，目的是选择符合项目建设和使用要求的基地，为项目立项程序的审批顺利通过，提供建设用的土地和相关条件。其间进行的基本工作包括如下几方面。

4.1 拟选址建设项目的地点应符合以下要求

4.1.1 选址地点的土地面积是否满足或基本满足建设工程规模的需要。

4.1.2 选址地点的自然地理状况。包括对地下、水系和空间的自然保护要求，常年主导风向对工程使用的影响，周边是否存在污染气体、液体、噪声源等对项目和环境相互影响的不利情况。

4.1.3 拟选地点有否存在影响项目建设的架空线缆、地埋线缆等影响工程建设的地上地下障碍物。需要事前了解，并做好处理准备，特别要避免拟选用地域内存在军用设施（电缆、光缆、碉堡等）和政府市政线缆，若有，则要考虑向管辖单位申请迁移，并准备相关费用。

4.1.4 拟建项目建成后的朝向、阳光、风力导向能否满足建成项目使用的需要。

4.1.5 项目建成使用后对周边社会环境的影响。其包括考虑对周边人流集中地如学校、集市的交通安全影响，有措施避免可除外。

4.1.6 拟选地点对项目建设的环境保护要求，包括绿化、噪声、排污等。

4.1.7 选址地点的交通条件。其包括车辆出入的条件，物资进出的条件（包括市政道路对施工后建成后运行车辆的承受能力），人员交通的方便条件等。

4.1.8 所有影响项目建设和使用的因素（包括邻里间社会关系）和项目建成后对环境可能产生的影响因素，必须都加以考虑，准备得越充分越好，避免项目确立后，由于考虑不周造成项目推进受阻或项目使用效率降低，或者需增加改善措施费用，或者不能满足产生需要而变更项目选址等的严重损失。

5.市政配套条件应具备以下几点

5.1 周边是否具备可供有项目使用的电源接入条件。

5.3 周边是否具有可供项目使用的雨污水排水接出的条件。

5.4 周边是否具有可供项目使用的燃气源接入条件。

5.5 周边的交通条件（包括市政道路、公路、水运河道、铁路货运车站、空港、以及隧道、地下通道等）。

5.6 周边是否具有可供项目使用的通信、光缆、有线电视等弱电信号源接入条件。

上述条件，最好具有现成的；如果无现成条件，应考虑施工临时使用水、电、通信等基本条件的兑现，并在项目建成后投入使用时使这些条件得到满足。因此，在筹划时应考虑项目这些相关的市政配套条件的费用计划安排和统筹，否则将影响项目施工和建成后的使用。如果需要新建或扩大市政配套设施条件，应及时协调市政工程建设计划的实施，使之与项目实施计划的落实保持一致性，避免项目建成后因市政设施跟不上而影响项目投入使用。

6. 拟选建设基地的准备手续

6.1 了解拟选地点的控制性详细规划及相关要求，并备制相关复印相关控制性详细规划的资料，注意记录所选用的控详规划资料的编号，以备选址申报使用。

6.2 了解拟选用地的土地属性，了解和准备变更拟征建设土地用地性质的相关手续，并研究土使用地或征用的对策。

6.3 了解规划部门对拟建项目在拟用土地上退让道路红线、河道蓝线、地下使用或相关设施的基本要求，如空港、航道、城市快速交通（含高架道路、地铁和高架轨交）区域的建筑限高、限深、限距等限制项目建筑的规定。

6.4 根据控制性详细规划，购置相关区域的地形图及管线图，并划示拟建项目的用地范围和了解周边情况使用。

6.5 向原土地拥有或有使用权单位的协调征用意向，并签署该土地征用意向协议书，明确与拟征用地邻里的边界关系，共用围墙的产权和维护保养费用承担的原则，以备项目在前期程序工作涉及土地权属的相关工作中使用这些资料。

6.6 由原土地使用权属单位或辖区规划出具划示的用地范围、并在所示范围四角盖有该单位印章，标明用地范围的尺寸情况（最好做好有四至坐标点的标示），以备申报项目选址意见书申请时使用，有原土地使用单位土地使用权证筹资料则更好。

6.7 征得拟用建设土地四周邻里对项目建设的认可，并在准备好的地形图上画示建设项目用地范围的四周盖上四周邻里单位认可的印章。必要时应做好相关邻里的协调工作。

6.8 当拟建项目要求与控制性详细规划存有矛盾时，应准备办理控制性详细规划调整的申请手续，此项工作比较繁琐，有一定的工作周期，应使建设方领导明确，并有一定的思想准备；如果控详规划调整不被批准，则项目选址必须调整，重选项目建设地址，上述所做的全部工作都应进行相应的调整。

总之，项目实施前的问题考虑得越充分，对应的准备工作就越详细、越充分、越有针对性，后续工作的展开就越顺利。

7.执行项目建设程序的准备工作

7.1 建设方和项目管理应了解项目规模、与规模相应的审批机构权限级别，及这些机构申报审批的要求，相关程序的法定工作周期。以供编制项目计划参考，这些要求事项可在项目管辖地区各行政办事处窗口索取相关工作的告知单，以备相关报审时必要的申报资料。

7.2 及时系统地了解上述程序要求的变更情况，以便计划及时做好相应调整，必要时可通过建筑业管理网站了解相关信息。

7.3 按照程序工作的要求，编制和检查落实各阶段项目推进计划，根据项目规模、计划要求，建设方工作要求，落实项目管理人员配置、设备器材配置。

7.4 根据计划等条件，各管理企业的贯标要求，编制管理大纲、管理方案或实施方案、各项实施细则等，保证项目推进有序进行。

7.5 再按照上述准备工作，进行项目管理成本核算，编制项目费用计划，保证项目管理成本与拟订的项目管理委托合同中管理费用的经济指标相适应。对于项目管理成本较高的情况，应制订针对性措施，在与建设方或上级主管部门协调的基础上取得平衡。

7.6 要特别注意的安全问题。建设方是项目建设安全的第一责任人，要考虑在项目建设过程中环境对项目参建人员的安全影响、工程施工的安全因素、工程建成后使用过程中的安全措施落实等。要有将安全放在第一位，时时、事事、处处讲安全的意识准备。

项目建议书申报前的筹划工作是项目建设前期最基础的工作，好的项目筹划是项目推进的良好开端，所以必须重视这项工作。

由于项目建议书申报前设计尚未介入，需要项目管理应对项目的规划、工程设计等工作具有一定程度的综合意识，以便进行统筹安排。对于进行接受委托的专业项目管理来说，不管是承担全程项目建设管理工作，还是仅仅执行建设项目全程工作中的部分工作，都应了解全程工作的基本要求，也可了解自己所承担的工作部分，在整个项目管理中的承前启后作用，保证在了解前段工作的职责的基础上，在前任工作目标完成后，相关资料均应达到和可受的程度。再通过自己阶段的工作达到所委托工作应该完成的目标，并顺利向下一阶段工作移交应完成的资料。所以说，系统了解建设项目管理全程的要求，对提高各类项目管理的工作质量都是十分必要的。

8. 本阶段资料工作要点

本阶段工作应注意涉及项目建设筹划工作过程中形成的各项基础资料，包括各项项目准备、筹备会议的纪要，就相关工作落实情况的汇报和检查记录、相关的事项的调研报告和形成的决议文件、作为建议项目申报的其他依据性文件（上级领导要求、文件，详规等）、向上级的请示和批文，以及项目人员组织机构形成的构架、名单、联系方式等。

本阶段资料编制的顺序主要以事件发生的时间先后次序排列，必要和需要时也可将相关事件分类，如项目规模类、选址类、项目技术参数类、邻里和环境类、项目管理体系类等。

筹划工作资料案卷成册前，应按照事件的时间顺序编制目，并将目录放在案卷的首页，一并装订成册。

这些资料的最终指向，便是确定需进行项目建设的目标并向建设单位主管上级申报获批的成果，保证建设项目顺利起步所需基本条件均得到落实。

所有工作阶段的资料都是执行相关工作情况的记载，必须保证记录的完整，做到所有的记录都有依据、有过程、有结果，都可以做到可追溯、责任明确且符合规范要求。

附录一 项目管理机构组织形式（供参考）

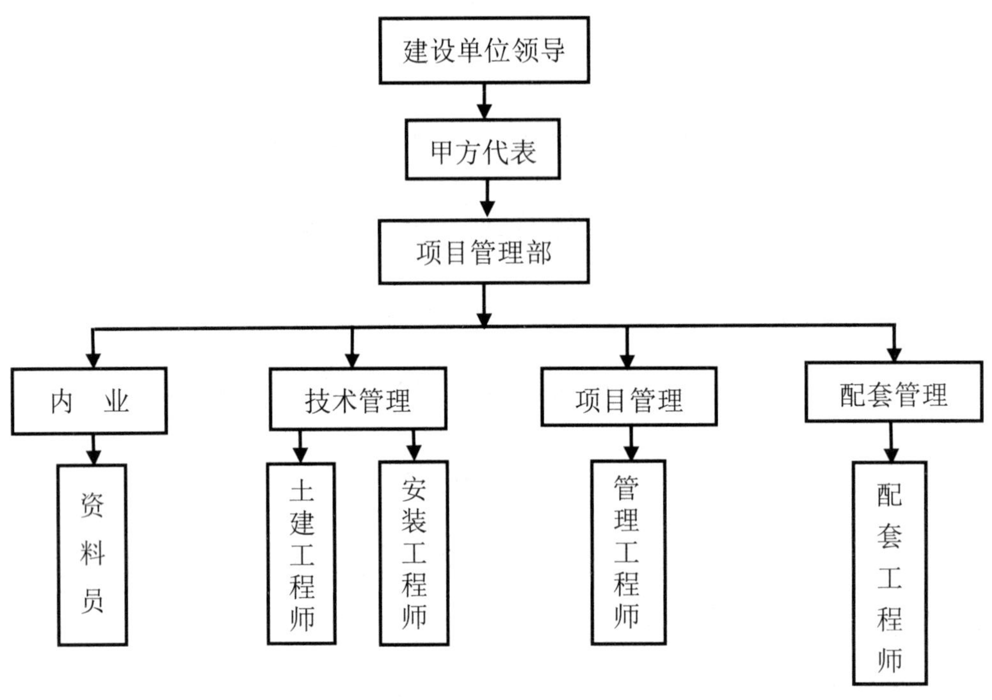

说明：

1. 上述为全过程项目管理组织机构形式，具体应根据项目情况和需要，进行人员配置。

2. 项目管理部由项目经理负责，下属配备应根据项目实际需要和工作量饱满程度因事设岗。

3. 内业一般以资料员为主，主管电脑和文件资料，可兼任其他工作。

4. 项目技术管理工作视项目规模大小，可分专业配置，小项目可合并一人管理，项目甚小，也可由项目经理兼任。

5. 项目管理应视分项目多少配置，单个项目可由项目经理直接管理，多项目也可设置多个项目管理工程师分项目管理。

6. 配套工程师负责项目前、后期社会配套业务办理和项目项目外部事务的联系、协调，小型项目，且具有电脑操作能力的可兼任项目部内业工作。

7. 总之，项目部要视项目实际情况配备人员，相关的业务职能都应承担起来。

附录二 一般建设项目前期程序工作周期参考表

（供编制前期进度计划参考，具体按照窗口告知和要求执行）

序号	项目建设前期程序工作项目	天数	备注
1	编制项目建议书及调整		根据实际协调情况确定
2	项目建议书审批	20	
3	项目方案设计	40	根据具体建设项目规模定
4	项目供电征询	15	
5	项目供煤气征询	15	
6	项目供水征询	15	
7	项目选址意见书审批	40	
8	项目雨污水征询	20	
9	环境评审及审批	30	
10	土地测量	20	
11	土地预审	15	
12	土地预审灾害评估	15	
13	办理土地使用权转让合同		具体周期按实际协调情况确定
14	规划测绘	20	
15	设计单位报建、备案	1	
16	勘察单位报建、备案	1	
17	地质勘察	15	
18	编制项目可行性研究报告和报审	60	
19	项目报建和领取IC卡	1	
20	办理项目用地计划审核意见书	30	
21	接收土地		具体周期按实际协调情况确定
22	做排水方案	10	
23	设计方案规划征询、审批	20	

24	区、市交警方案建审	10	
25	卫生防疫方案设计建审	20	
26	区市政工程管理署方案建审	20	
27	市排水管理处方案建审	20	
28	区绿化方案建审	10	
29	扩初设计	40	具体根据建设项目规模的情况定
30	项目扩初建委审批	40	
31	市抗震办扩初建审	20	
32	市人防中心扩初建审	15	
33	市防雷中心扩初建审	15	
34	卫生扩初建审	20	
35	绿化扩初建审	20	
36	区、市交警扩初建审	10	
37	建设项目规划用地许可证审批	20	
38	划拨通知	10	
39	建设用地批准书	10	
40	施工图卫生审核	20	
41	施工图绿化审核	15	
42	施工图区、市交警审核	10	
43	施工图审图	15	具体视项目和协调情况确定
44	建设项目规划许可证审批	40	
45	向警署申报门牌号码	30	
46	报监（质检站）	1	
47	施工许可证办理	15	
48	规划放样测量	20	
49	放样复验申请及验线	15	

注#程序周期自报送资料符合要求之日起计算，安排计划时应根据实际情况的需要，留有一定的余量。每周按五个工作日计算。上述工作的执行周期供编制计划参考，需按实调整。

第二讲　项目建议书的编制和申报

内容要点：项目建议书的编制是项目建设实质性开始的第一步工作，目的是向上级或审批机构说明拟建项目建设的必要性。内容包括项目拟建的规模、初步选址考虑、初步费用估算、工作步骤的初步打算。特别是政府投资项目，是获得投资计划拨款的重要一步（也可称为预立项），完成这一步，可以进行项目正式立项（即项目可行性研究报告审批）前的准备工作。

项目建议书的编制和申报是项目进入建设程序管理的第一道正式工作，是项目正式立项前的预备工作（项目正式立项以项目可行性研究报告批复为标准）的开始，项目建议书的审批也可称作为项目的预立项，项目建议书一旦获得批准，项目即可正式进入项目立项（项目可行性研究报告审批）前准备工作程序。

1.项目建议书编制程序和相关工作

项目建议书可自行编制，也可以委托有咨询资质的专业单位编制，主要要看项目建设规模的大小，复杂程度，以及建设方自己编制项目建议书的能力。如果委托编制项目建议书的单位受政府部门委托参与立项评审，在这种情况下，应注意注意参与评审的单位不应参与项目建议书的编制工作，规避自编自审的情况发生。

自行管理项目的单位或受委托管理项目的单位，在提出编制项目建议书要求或检查项目建议书文本时，应注意以下内容是否完善，并保证事前事后要求与实际落实情况的一致性。

1.1 拟建项目的建设单位法人资质及相关证明文件的完备性，并所有证明文件具备符合相关资质的时效性。

1.2 拟委托编制时，应检查编制项目建议书咨询单位的资质、及相关咨询人员的资质证明。检查文件编制单位名称是否与申报要求相符合，编制单位资质证明是否符合时效性。

1.3 拟建项目建设选址地点，与相关地域的控制性详细规划（简称控详规划）的要求是否相符。

1.4 拟建项目的建设规模、使用功能，与控详规划要求是否相符合，初步投资估算是否符合实际需要和审批通过的可能。

1.5 社会效益的项目，应检查其建设的理由是否充分，最好有相关数据统计分析为依据；讲求经济效益的项目，则需检查经济效益的计算依据是否可靠，应注意其投入产出比，投资回收期是否符合经济效益评价的规律，是否进行经济分析依据市场经济波动状态的抗干扰分析（即分析一定前提条件下，抗社会经济条件变化的干扰能力），并应注意波动（干扰）状态假定或设置的合理性。

1.6 拟建项目建设用地的条件，包括计划用地位置、范围，用地范围的控制性详细规划，土地使用性质（需要时应附相关资料复印件举证），征用土地的意向性协议，拟征用土地原单位的土地使用权证及意向同意相关土地征用范围的附图（用地形图画示）；同时应考虑拟建项目周边单位或居民认同的情况，如他们对拟建项目存有异议，应尽快协调沟通，做好工作，避免日后在选址审批环节碰到以外，成为项目选址审批通过的障碍，影响项目选址成功获批。

1.7 在上述基本条件具备的前提下，应注意项目建设可持续发展的趋势分析，如有这种发展趋势的需要，则应考虑项目可持续发展的条件。在目前状况下，关于项目初步的节能，环保措施所涉及的国策，也是项目建议书必须论述的要点。

1.8 关于项目实施的初步进度计划，也应该的项目建议书中给予基本安排的说明。

1.9 检查文本编制情况：文件目录和为文件内容表述是否准确，文件编制页码与实际文件顺序是否一致。

1.10 检查建设方申报文件是否符合报审格式和相关要求，注意文件中应有关于环保、节能、安全、质量问题的相关说明，保证项目立项审批能够顺利获得通过。

1.11 需要注意的是：在有条件的状况下，项目建议书应明确项目建设的初步规模和投资计划的需求，包括检查项目中的分项目（单位工程）数量，避免漏项，建设面积是否符合详观要求，投资金额的来源是否可靠和能得到保证；以便尽早、顺利地办理项目报建的手续。否则项目的规模数据不明确，项目报建的信息需待项目可行性研究报告批复明确后才能补充完整，不利于部分手续提前办理，这会对项目前期工作进度的优化带来一定的影响，有条件的应与相关项目审批机构协调建设的标准，使项目的建设规模控制在需要和可批的范围内。

2. 项目建议书申报

项目建议书申报由建设方（业主）负责，明确代建制的项目由代建制单位负责。代建单位应具备代建委托的依据和代建合同，明确代建单位法人代表的文件。

2.1 项目建议书批复文件，除文件规定发放的范围外，其复印件应复制分发项目可行性研究报告编制单位、设计单位、环境评估报告编制单位、市政配套各征询单位、投资监理等所有涉及项目直接审查、委托咨询和实施的单位，作为他们工作的依据。

注意：在准备项建书资料和检查完成编制的项建书时一定要保证相关资料、数据的准确性，避免在项目程序执行的后续工作中发生矛盾而返工，或多做许多补救工作，影响管理工作的效率和进程。

2.2 项目建议书审批的协调。有条件的项目建议书申报单位应与审批机构保持沟通和协调关系，以便需要的时候，及时调整或者补充相关资料。同时掌握批复工作的推进情况，保证项目前期工作推进计划的执行。

3 本阶段主要资料工作有。

3.1 项建书编制要点（或委托编制的要求）。

3.2 项建书委托编制合同及编制单位的资质。

3.3 编制项建书的依据资料（要点的附件，包括选址调查、初步土地征用协议、项目建设初步计划规模、项目建设投资初步估算、项目建设初步进度计划等）。

3.4 项建书初稿的审议意见（或项建书文稿研讨的往返意见）。

3.5 项目建议书专题研讨的会议纪要。

3.6 项建书的正式申报稿及内部流转、审批的意见。

3.7 申报项建书的申请报告.

3.8 项建书审批机构的批文。

3.9 项建书委托编制合同的付款和结算手续。

3.10 以及在本阶段与项目建议书工作相关的其他文件。

收集项目建议书编制至申报工作前后所形成的全部相关文件，说明工作程序符合要求，项目建议依据充分，操作规范。本阶段工作结束应按时间顺序将上述文件整理后，并在卷首付卷宗目录一并装订成册。

附录一 ××××项目的项目建议书申请报告（供参考）

上海市（或××区）发展改革委员会：

我单位因×××××××××需要，并按照规划发展的计划安排，拟新建（扩建）××项目，项目功能为××××××××××××××。

项目初步选址在××路东（西、南、北）侧，靠近××路。初步拟定建筑面积××××平方米，项目用地××××平方米，项目投资初步拟定为××××万元，其中建安投资为××××万元，总投资中拟考虑政府投资××××万元，自筹××××万元。计划实施周期从项建书批准之日起计算为××个月（初步估算自××××年××月××日至××××年××月××日），其中项目的工程建设为××个月，预计在××××年××月工程竣工，并在工程备案验收后交付使用。项目的主管单位为××××。

目前相关的调查研究工作已经基本结束，项目建议书已编制完成，特向贵委提出项目建议书审批的申报，谨请贵委审核批准。

（申报单位）××××××

××××年××月××日

附录二 项目立项审批阶段工作的流程示意图

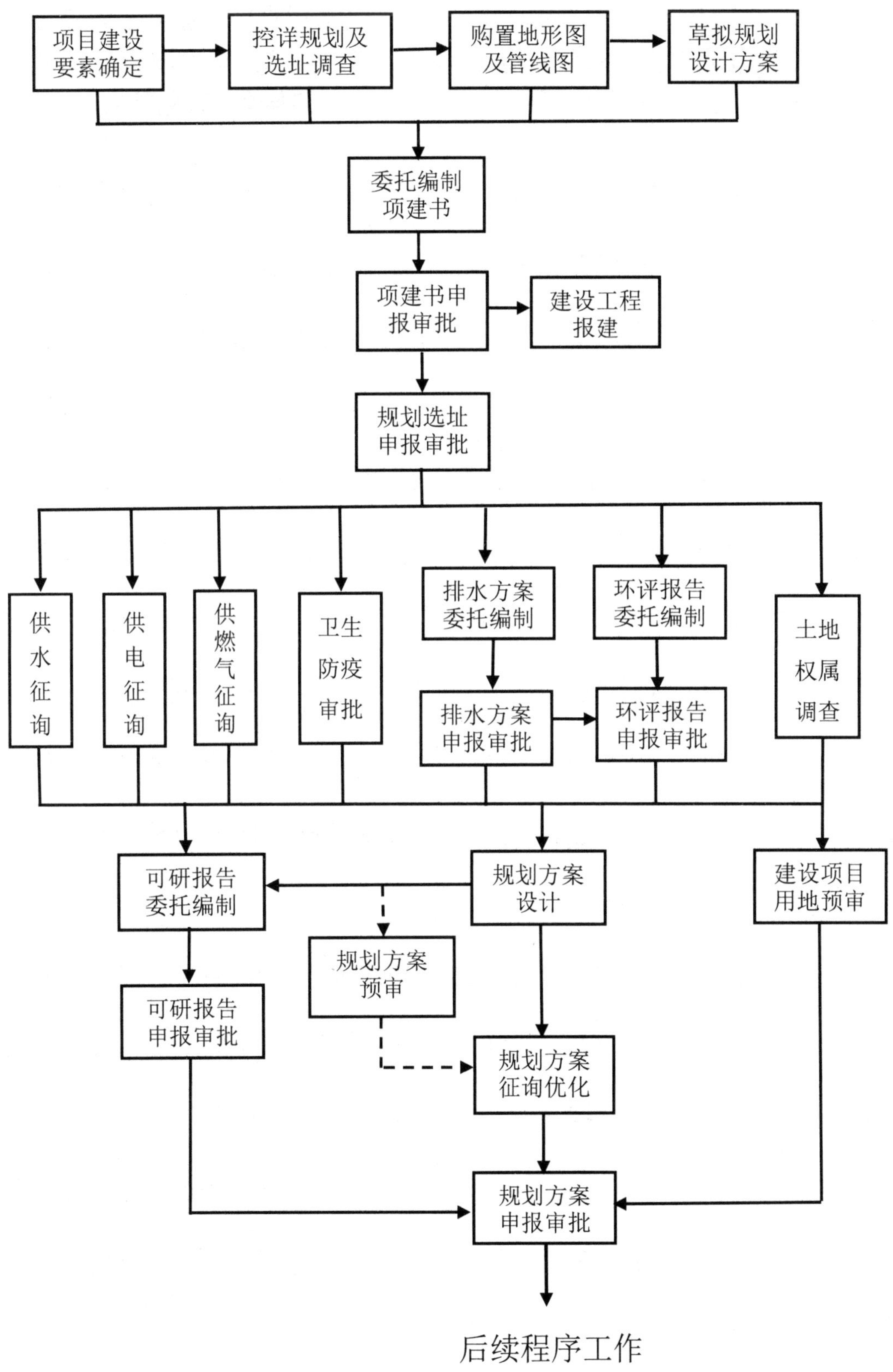

注#规划方案预审视需要进行，可为规划方案正式申报审批创造顺利通过的条件。

第三讲　建设项目的报建

内容要点：本阶段工作主要是给项目建设工程办理一项注册登记手续，保证继后的项目程序各项实施工作推进都纳入政府建设程序进程的控制范围，避免不规范操作和各项不应发生的操作事故产生。

项目报建是项目建议书批准后，必须到市建委工程建设管理办公室（建管办）办理项目的注册登记手续（区管辖项目到项目所在区的建管办办理注册登记手续），项目从此开始进入建设项目的程序管理。按照规定，前一程序完成的结果未按要求被登录在建设项目管理网络的信息栏中，不得进入下一程序的申报审批工作，使整个项目建设过程在规范的严格控制下进行推进和操作。目的是保证国家资产受制于严格的科学管理之下，避免政府决策不必要的失误和致使政府的投资浪费、流失等不应发生的损失，并使政府投资的项目在规定程序的要求下，进过各阶段审慎工作，使项目建设的准备工作逐步得到细化、深化、完整及系统化，逐步达到完善项目筹备工作的目标。

1.项目报建备案的主要工作。

1.1 先了解并按照报建窗口的告知单要求，准备好完整和准确的申报资料（包括相关资料、证明文件的原件和复印件，原件经检查核对后返还），避免资料不齐退回重办，影响办事效率。

1.2 准备具有项目建设规模、明确基本投资金额的项目建议书。（可通过与政府计划投资管理部门初步协调、预审，可使之顺利获批，尽快进入项目正式立项的准备工作阶段）。

1.3 具备建设方企业经营资质（或行政事业单位注册文件）和企业（或事业）单位代码（用以核对项目法人资格）。

1.4 准备企业法人证明和企业法人证书（以便查验核对建设项目法人），以及经办人的法人委托书和个人身份证明（原件和复印件）；

1.5 从网上下载项目报建登记表。按照报建登记表的要求逐项填报相关事项（按网上申报程序要求执行）。

1.6 在第5项工作完成后，进行网上申报。注意应先进行下载脱机预填报，核对无误后再进行网上正式登记、上传，避免产生误差。注意：通过申报申请的项建书申报申请表，其右上角应该会出现一组条形码，并在网上提示“申报成功”（此为区别是否接受申报的依据）。

1.7 将在网上申报成功的报建登记表打印，然后经申报单位领导确认后盖上项目法人单位的印章，为向窗口申报时备用。

1.8 将表格和上述资料原件及复印件（复印件应盖上项目法人单位印章）送到建管办办理申请报建手续（规定申报手续和程序）。

1.9 按照程序工作周期和办事人员的通知时间或当场审查申报资料完备后，领取核准的报建表。同时领取项目报建IC卡，注意记录IC卡上的卡号和报建（登记）号（注意！这是卡上两个不同用途的编码）。

1.10IC卡记录了项目的基本资料信息，以及按规定程序办理、申报核准的记录，是项目实施过程中的各项程序申报申请必须具备的登记和验证条件，项目各项招标（包括设计、勘察、施工监理、施工承包和报监等）工作都必须使用项目IC卡登录，前一程序未予完成，下一程序不能办理，且遗失不补，故务必妥善保管IC卡。工程竣工后还应注意办理项目及IC卡注销手续。

1.11 当项目建议书批复未涉及项目建设规模和计划投资金额时，项目报建手续办理后存在投资规模的缺项，需等到项目可行性研究报告批文中明确项目建设的工程建筑规模和投资金额时，方可完成项目IC卡信息补充完善的工作。否则因项目的信息资料不全，需到可行性研究报告批复后才能给予报建和发给IC卡，这样就会影响可研报告审批前的工作（如设计招标等）正常推进，故必须注意报建事项的协调工作。

1.12 注意，当申报项目工程项目的建安投资初步指标时，应将总投资和建安工程投资金额分别明确，避免将包含二类费用的总费用当作建安工程费用指标计算，提高项目各项费用指标的计算基数，产生不必要的费用指标的计算误差。

1.13 因设计、勘察、施工等各方面备案手续都要使用IC卡，故必须做好IC卡的借用、归还的登记手续，并做好IC卡的扫描、存盘，以及复印备用，因为IC卡不能办理补领。

2 本阶段主要的资料及资料工作

按照建筑建材网网上申报要求收集、准备相关资料。

2.1 进行网上申报，通过增加条形码的登记表打印盖章。

2.2 将盖好章的项目报建表和相关附件，并带好复印好证件的原件到建管办办理报建手续，领取经审批确认的报建表和项目IC卡。

2.3 将审批确认的报建表和项目IC卡收存归档，做好复印件备后期工作时使用。必要时，复印件应加盖建设单位公章。

2.4 收存好批准后返回的书面申请表和项目IC卡，对报建表条形码、IC 卡卡号、报建号做好登记保管，方便后续工作使用。

2.5 做好其他参建单位借用 IC 卡的借用和归还记录，避免发生差错、遗失等不测事故，影响项目程序工作的正常推进。

第四讲　项目的规划选址申报

内容要点：是建设项目推进过程中，向规划局申办的第一项程序手续，主要为项目建设确定地理位置。本讲阐述建设项目在规划选址阶段的操作方法、注意事项，以及归档资料收集、保管工作要求。

项目规划选址是项目建议书批复以后的第一项规划审批事项，目的是根据规划机构制定的区域控制性详细规划（简称控详规划或详规）的要求，从规划管理角度对项目选址与项目拟建区域的控详规划相关指标进行的核对、比较、审查，确认项目选址符合控详规划的要求，并为项目建设用地奠定规划的行政许可地位。

在项目建设程序管理上向规划部门申请办理正式的手续共有四次，即选址意见书（或规划设计条件）、规划方案审批、规划用地许可证及规划许可证，是项目建设前期工作中必须具备规划的基本条件，除规划方案属技术审查外，其他三项通常称为规划行政许可审批的“两证一书”。

当建设方在已经拥有使用权的土地上进行新项目的建设，则不办理规划选址许可手续，而改申请办理“建设项目规划设计条件”，由规划部门告知该建设用地在项目设计时应注意的规划指标，如项目用地面积、项目建筑面积、建筑高度要求、容积率、覆盖率，绿化率以及退让规划控制线（包括土地的红线、河道的蓝线、绿化的绿线等）要求，这项批准手续的内涵与规划选址批复基本一致，只是因土地使用权是属于原有，还是新征用的不同性质，从而产生的两种不同的项目规划选址形式，对项目在这块地进行规划设计的要求，原则上是相同的。

1. 项目规划选址申报程序和相关工作

1.1 向拟建项目基地的规划土地管理机构了解拟建基地的控制性详细规划对拟建项目的要求，以及该地块市政配套等相关规划条件和基础资料，以便保证选址申请办理的申报要素与各级政府的宏观规划控制要求相吻合（有条件的，应在项目筹划阶段，同步进行详规要求的了解工作，以便针对性做好准备，提高工作效率）。

1.2 通过受理机构窗口告知，熟悉对项目选址申报程序和条件的要求，并掌握具体申报地点、联系方式。

1.3 按照受理机构告知书的要求，准备相关资料。

1.4 购置地形图及数字化地形图光盘，地形图购置数量满足选址申报要求即可，不宜多购，申报选址意见书批准后，地形图上的标注会有新调整，不能使用在后期其他规划申报项目的工作中。另应注意保存购置电子光盘发票的购置证明联，这在办理选址申请时必须随同申报文件资料同时提交（如遗失必须重新购置光盘）。同时应注意记录项目选址使用地形图的图号，以备再次购置地形图使用。

1.5 购置数字化地形图和光盘时，需要出具介绍信，并保存收据联中必须提交规划部门的核验联，否则方案报送因缺地形图光盘购置发票将被拒绝报送。同时，因原始光盘在规划选址申报时必须同时提交，所以光盘购置后因及时在工作的电脑中复制光盘，进行数据保存，备后续规划申报、设计要求交底、设计工作图上的工程定位、现场施工的放线定位、检查、核对等工作使用。另外，要注意每次购置的地

形图，其下方印有不同的购置时间和购置份数，

1.6 协调规划单位、水务单位、绿化市容单位在地形图上划示规划道路控制线（红线）、河道控制线（蓝线）、绿化带控制线（绿线）的位置，及项目建筑物退让这些控制线的距离要求。凡与空港、码头、高架道路、城市轨道交通、城市隧道（地下建筑）相近的项目建设，还应征询这些设施的管理机构，了解与这些设施退让距离、高度或深度的控制要求，以便在项目设计中，进行符合实际现场条件的设计调整，以及采取针对性措施。各项征询应以书面文件的形式进行，这些书面征询的资料，将说明项目建设对周边环境相互不存在影响，或可采取避免影响的措施，已征得管辖部门的同意，并都将作为申报项目选址意见书、编制项目可行性研究报告的依据。

1.7 从网上下载项目规划选址申报表格并打印空表格，按照要求填写各项内容，并注意与项目建议书批复内容核对，保证填写名称、数据的一致性，核对无误后，然后在网上进行申报。

1.8 将网上申报的项目选址申请表格，经检查无误的信息，刻制成光盘，同时下载复制并上网申报，此时在网上申报成功的申请表右上角会多出一组条形码。可再打印有条形码的选址申请表文件，盖上项目建设方印章，备申报使用，并可保证申报的纸质文件与网上申报的内容保持绝对一致。

1.9 将盖章的项目选址申请书面文件和附件，以及申报资料克制的光盘，购置的电子地形图光盘发票报审联（购置证明联）及全部申报资料和报审资料目录，送规划部门受理处窗口。注意收回收件回执

并妥善保存，备取批文时用。

1.10 地形图数字化光盘复制件应准备发送给项目设计单位、地质勘察单位、施工招标代理单位、施工监理单位和施工总承包单位等备用，可减少纸质地形图购置费用。但应做好复制光盘的签收记录。

1.11 凡申报的选址相关资料一定要争取做到准备齐全、准确无误、一次交齐，避免资料不全而需再次补充，审批周期从资料申报完整之日起计算，增加申报过程的往返次数和时间，不利于提高申报的工作效率。

1.12 按照规划办事日程的规定，审查周期一般需约 30 个工作日（按日历日计算约一个半月）。期间应保持联系，按通知及时取回核发项目选址意见书的通知和批复，尽力为缩短办理周期而努力。

1.13 选址批复收回后，应及时归档收存，同时应复制印发各相关使用单位，包括设计单位、勘察单位等。发文时注意办理资料的签收手续，以便他们及时进行下一步的工作。

1.14 已经拥有土地使用权的建设项目除上述资料外，应增加能说明建设单位对该土地具有土地使用权的土地使用证。同时明确该土地使用性质与实际拟建项目的性质原则一致。

1.15 如果该土地使用的方向与拟建项目的使用性质不同，则还应办理土地使用性质的变更。如绿化用地改为建筑用地，住宅用地改为商业用地等，变更的手续按照规划申报部门窗口公示的相关办理事项告知单要求执行。尤其是将农业和绿化用地的土地使用性质变更为建设用地，更是严格控制的。

同时，即使同意土地使用性质变更，还必须涉及原区域控制性详细规划的调整，且需要较长的工作周期。所以，如第一节讲内容所示，在初步拟定项目建设启动阶段，就应该做好对控详规划的了解工作，以便不发生后期工作中，与土地使用性质和控详规划的矛盾，否则到选址申报阶段再发现用地性质和与控详规划不符的问题，前面的全部工作就必须从重新选址开始。

2. 本阶段工作注意事项

2.1 选址申报必须持有供地地方政府拟计划提供的地块图，即地形图上标明建设用地的范围，范围边界尺寸，并盖有规划部门印章。

2.2 如果申报时有建设地区的控制性详细规划则更好，能佐证选址符合控详规划要求，但是提供的控详规划必须有政府批准控详规划的文号，以及所提供采用的区域控详规划图纸编号。

2.3 申报选址前应检查项目设计的规划参数是否与控详规划标明的指标一致。如有差异应事前与规划部门审查人员进行协调，研究处置的方法，保证两者相符，审批依据完备。

2.4 选址拟定后，应注意与周边邻里协调，取得他们同意的书面文件，或在划示建设项目用地范围的地形图上，盖有所有邻里单位认可的签章。避免规划选址或规划方案审批时因缺少这方面的条件而受到阻碍。盖有所有邻里单位认可的签章的地形图应注意保管，必要时应扫描以电子文件保存，备有纠纷时使用。

3. 本阶段资料工作的主要内容

3.1 购置纸质地形图和数字化复制地形图，并将数字化地形图复制保存，并将复制光盘分发给设计单位等其他需用的参建单位。

3.2 复制申报规划选址（规划设计条件）需用的附件资料。

3.3 网上申报选址意见书申请，完成后下载并打印、用印。

3.4 有关资料向规划局申报并扫描制作备份留存。

3.5 批准的规划选址意见书（或规划设计条件）复制分发给设计等需用的参建单位，并作为下一步规划程序申办工作的依据，原件归档保存。

注意保管好购置数字化电子地形图发票，备申报规划许可证时作为必要附件，避免遗失。

第五讲　项目的土地权属调查和土地预审

内容要点:项目的土地权属调查是在选址意见书批复后，对已经批准项目的用地范围进行明确。同时为建设项目总体的准确设计和施工定位提供科学、准确的数字化依据。并在经过土地权属调查后，为办理建设用地预审提供依据,政府相关的土地管理机关进行建设用地及指标的综合平衡后，即可给予建设项目用地的初步认可(最后确认以颁发项目建设用地批准书为准)。本讲主要讲述项目的土地权属调查和土地预审相关工作的操作方法。

土地权属调查工作的主要目的是明确项目规划选址申请建设用地的范围、边界情况及土地权属转移等情况。在项目建议书和选址申请批复后，为建设项目切实做到“落地”的状态和标准进行准备，即为办理后续建设程序中的规划用地许可证、建设用地批准书、土地征用等程序手续办理提供必要资料和前提条件。所以，进行项目土地权属调查和建设用地“预审”是项目用地落实而必须实施的一个工作环节。

1. 土地权属调查主要手续

1.1 向“××市区房地产测绘中心”提出项目建设用地权属调查的申请;

1.2 根据规定，由“××市房地产测绘中心”安排具有专业资质的土地测量机构进行项目用地范围的实地勘测和提供土地权属调查报告，包括向建设方提供建设用地权属报告数字化测绘成果的电子文件。

土地权属调查工作的主要任务是用测量成果为土地管理部门审查用地性质和用地范围，是否符合土地管理和所属区域控制性详细规划的要求。并向建设方、设计提供方案设计用地范围的数字化地理坐标点，并为办理各项涉及他土地的手续提供依据性资料。

2. 土地权属调查工作的操作

2.1 先向上海市房地产测绘中心提出申请，领取土地权属调查申请表；

2.2 按照填表要求，填报相关内容，并核对无误后盖建设单位公章和法人签章，随后向市房地产测绘中心提交建设项目的土地权属调查的申请，申请附项目建议书和项目选址意见书的批复（复印件）。若有必要，受理经办人会要求申请方出示项建书批复和选址意见书通知的原件供核对。

2.3 由××市区房地产测绘中心安排具有专业资质的测绘单位进行项目拟用土地的实地测绘，并由其提供土地权属测绘的数字化测量成果光盘和项目土地权属调查报告（报告中附测绘成果的地籍图）。测绘方应提供形成调查成果数字化测量成果的书面文件2份，标明建设项目用地范围的地籍图8∽10份，以便满足项目建设后续程序申报提供地籍图原件的要求（除办理建设用地规划许可证及办理用地批准书必须使用数字化测量成果原件外，其他需使用土地数字化测量成果的参建单位可提供相关文件的复印件）。

测绘费用按照政府物价局确认的标准执行。建设方和项目管理应检查提供纸质文件和数字化光盘，其所反映项目用地范围调查的情况是否与项目建设的申报及实际需要下个符合，避免误差和疏漏。

2.4 按照委托权属调查的合同规定，测绘结束后，在合理的资料整理周期内，测绘单位应向建设方提交建设项目的土地权属调查报告（委托合同应明确同时提供调查结果的电子文件）。

随着科学技术在社会应用的日益广泛，索取资料的电子文档也是正常的工作要求。有了权属调查的电子文件可与规划的电子地形图进行比较、核对，供后期涉及土地权属问题的相关程序工作时备用，减少项目推进工作中涉及用地问题的矛盾。

由于提供的土地权属调查报告电子文件没有印章，如需正式文件备用，可将原带印章的批复件用电子扫描的方法在电脑中保存，需用时就可以获得带有印章的原件复制件。

2.5 收存土地调查测绘成果报告资料，并将该资料复印发给承担项目的设计和勘察单位等，要求设计单位按照确认的项目建设用地范围和规划设计的各项具体要求，进行项目建筑规划方案的总体设计（主要是总图设计）使用，同时为项目进行实地地质勘察和用地范围的定界测量工作提供对照复核的依据。

3. 建设用地的预审

项目用地范围测绘并提交项目权属调查报告后，建设方可向规划土地管理局的土地管理部门提出项目建设用地的预审。土地预审主要对为建设项目办理建设用地批准书和征用土地等事项做准备工作，用以检查相关土地征用、划拨等的条件是否符合政府的法律及相关规定（包括用地性质、用地范围、周边环境和地理条件等）。是后期进行项目建设用地规划许可证、项目建设用地批准书、土地征用一系列手续审批的重要依据，主要步骤如下。

3.1. 准备项目建议书批复、选址意见书（或规划设计条件）批复、地籍图 1 套，行政事务审批申请表，法人委托书、营业执照、法人代码、规划设计方案（文本）和总平面图（蓝图）1 份。

3.2 向规划土地管理局提出建设项目土地预审的书面申请。

3.3 完成的项目土地权属调查报告。

报规划土地管理局审核结束后，给予建设方项目土地预审结论意见，注意收存归档，备报项目其他土地相关手续时使用，如项目建设用地许可证和建设用地批准书等。

4. 本阶段主要资料工作

4.1 收存项目建设用地测量的申请文件。

4.2 收存委托进行土地权属调查的协议文件。

4.3 收存进行测绘数字化成果文件，并做好收文登记，归档保管。在办理土地预审、土地使用权证、规划用地许可证、建设用地批准书、房产权证等建设项目涉及土地的证件办理时都要提交地籍图原件，有的环节提交还不止一份。所以，一定要妥善保管，控制使用。非涉及办理土地权证相关机构需要，一律使用复印件或提交电子文件。

4.4 收存土地测绘数字化成果发给设计单位的签收记录，向设计单位提供明确的项目设计用地范围。

4.5 收存土地预审批复的文件，并转发与项目建设相关审查或使用单位，注意办好签收手续。个别有不按规定给予签收的，应做好工作记录备忘。

4.6 收存土地测绘和预审工作涉及的相关工作单位经办人（包括

××市区房地产测绘中心和实施土地测绘单位的责任联系人）的工作联系信息，以备日后遇到相关工作上的问题便于联系、协调。

第六讲　项目的环境保护审批

内容要点：本阶段工作主要是为项目申报可行性研究报告提供项目在环境保护保护方面符合要求的充分依据，说明项目本身以及项目对建成后周边环境的影响符合国家规定的各项环境保护条件和要求。

环境保护审批是在项目建议书批准后和进行可行性研究报告申报审批前的一项工作。国家对环境保护很重视，将国土环境保护列为基本国策之一，环境保护工作的相关措施必须做到与项目建设同时设计、同时施工、同时投入使用（即环保三同时）。在立项的准备工作中，环境保护措施的审查通过是申报项目可行性研究报告的必备条件。因此，在项目实施全过程中，必须按照规范要求认真对待建设项目涉及环保要求的各项工作。

项目环保审批程序的工作要求是：分析建设项目的环境条件，明确项目周边的环境情况，说明项目产生的废物（包括固体、液体、气体废弃物）排放情况，明确控制项目废弃物排放的措施，以及对周围可能产生污染物的处理意见。同时，也应考虑周边环境对拟建项目的影响程度，以及应采取的应对措施。以便项目项目可研报告编制、立项审批和设计时给予统筹考虑。

1.环境保护的申报审批

环保审批由项目所辖的环保局负责，主要包括以下几项工作。

1.1 熟悉当前行使项目管辖权的环保局对申报项目环保审批申请程序的要求。

1.2 委托有资质的机构编制项目的排水方案（编制排水方案时必

须提供项目设计待申报的初步方案），签订排水方案委托编制协议或合同。

不需专业编制排水方案时，可由项目设计单位进行规划方案的排水系统总平面图设计，除红线范围内雨污水排水总走向设计外，还应明确雨水、污水总管与红线外市政雨污水管网的连接方案。红线内污水系统应包括油污隔离池、污水检查井等设施。这项工作应在设计招标时向投标的设计单位交代，并在中标的委托设计合同中明确，避免设计单位推诿。

1.3 将完成编制的项目排水方案报权限辖区的水务部门审批，并将税务局批准的排水方案作为环保审批资料的一部分，编入环评报告，报环保局或辖区市政管理机构备查确认。

1.4 委托有资质的机构编制项目的环境影响报告书（在限额以下的项目可简化为填写项目环境影响报告表，在新建项目周边无其他建筑、居住、生产单位等情况时，可采用项目环境影响登记表的形式）。

1.5 根据管辖区域水务部门或市政管理机构批准的排水方案，编制环境影响报告书（或报告表、登记表），完成后向项目管辖的环保局申请环保审批。

1.6 环保局审批周期一般为30个工作日（即按日历日计算约一个半月），接到完成审批的通知后即可领取项目环保审批的批准文件。

2.进行环境评估报告编制时应做好以下工作

2.1 签订排水方案和环境影响报告委托咨询合同或协议，有关报价和合同文本应提交投资监理审核，投资监理应对报价进行审查、协调。完成签订的合同应及时存档，做好合同台账登记等工作。

2.2 委托编制项目环境影响报告前，应向编制单位说明项目的基本情况、要求，并提供拟建区域地形图（原件，使用后可收回作为向环保局申报资料的附件）、初步的设计方案（文本，包括建筑平面、给排水系统初步设计方案）和总平面蓝图图，如需要，应陪同评估报告编制的操作人员到现场进行实地踏勘，并由其摸清拟建基地四周的居住、生产、污染排放等情况。

2.3 委托合同中的内容，除一般标的、工作条件、要求，以及合同金额和支付办法外，应明确合同的履约完成以报告通过环保局审批为准，审批过程中要求修改、调整的工作和费用，应由编制单位负责，此项要求务必在委托合同中予以明确。

3. 环保审批前需先进行排水方案设计的工作

3.1 签订委托排水方案设计的合同，有关报价和合同文本应提交投资监理审核并要求投资监理对报价进行协调。完成签订的合同应及时存档，做好合同台账登记等工作。也有不同要求，上海浦东地区的排水方案不需委托专业排水咨询单位编制，仅需设计单位配合设计制作项目总体的排水方案蓝图即可。

注意：项目有车辆清洗场地的废水应纳入污水管道，若其排入雨水管道则将备认为不符合雨污水分流的要求。雨水管道仅供雨水纳管，其他所有经使用过的废水均应按照此原则处理。

3.2 向编制排水方案单位说明情况、要求，并提供拟建区域地形图、市政管线图，如需要，还应陪同编制排水方案的操作人员到现场进行实地踏勘。

3.3 当拟建地域暂时无的地下市政管网时，则应调查市政管网工程实施规划或施工计划，使管网的建成使用时间符合项目建成有纳管的需要，具体工作和处理应由排水方案编制单位进行协调。如上海浦东地区由设计单位排水方案设计时，此项工作则应由建设方和项目管理单位落实。在讲述前选址调查时已经提出这个问题，在项目规划或计划时，必须落实市政雨污水管网布置情况的核实工作，否则影响项目前期工作的推进。即使项目工程将实施，而市政管网工程仍在计划实施过程中，或者在施工中，应争取协调取得施工设计文件的复制件，以证明建设项目所处区域雨污水的排放条件符合项目使用需要。

3.4 委托排水方案编制合同的内容中，除一般标的、工作条件、要求，合同金额和支付办法外，应在委托合同中明确完成报告的标准应该是以通过主管机构审批为准。过程中要求对排水方案进行修改、调整的工作和相关费用应由编制单位负责。

3.5 上述工作完成后，相关资料应及时整理收存，原始文件和复制件应分别加强管理，并将上述文件复制分发给项目可行性研究报告编制单位、设计单位、项目现场管理人员作为工作依据或备用、备查。项目的卫生、环保申报审批阶段的参考工作流程参见第七讲后的流程附图。

4. 本阶段工作的主要资料和资料工作

4.1 项目排水方案报水务、环保审批后，第一除了要保存资料，准备验收时核对外，第二要注意发给设计单位，按照批文要求进行项目规划方案的排水总图设计，同时发给项目的技术管理部门、施工监理，注意检查设计图纸是否按照规范、控详规划和建设方的排水要求，落实在设计文件中。

4.2 排水方案、环评报告委托编制的合同费用，一定要保证满足排水方案和环保报审通过水务部门和环保部门审批后方可付清，在委托编制排水方案和环保评估的合同文件中一定要明确。

4.3 技术问题应由项目负责技术的管理人员把关（因本阶段尚无施工监理介入），资料反馈到资料管理人员手中，也应协助把关。

4.4 本阶段工作周期较长，注意与本阶段可以同步进行的工作（如方案招标、方案设计等）平行开展，以便可充分利用长周期的程序工作时间，完成同阶段无关联影响的其他程序工作，充分发挥同一时段的工作效益，缩短总程序推进的周期。

4.5 本阶段工作注意收集以下资料

4.5.1 涉及排水方案和环评报告事项的相关工作会议纪要。

4.5.2 明确编制环境影响报告和排水方案单位委托要求的文件。

4.5.3 委托编制排水方案和环评报告的合同文件。

4.5.4 对环境影响报告审查、优化的意见，以及申报的环境影响报告（表）。

4.5.5 最终确定申报的排水方案（并应反映在项目设计和技术管理的资料中）。

4.5.6 排水方案审查申请报告及批文。

4.5.7 环境影响报告审查申请报告及批文。

4.5.8 排水方案及环境影响报告批文归档，并复印备用。

4.5.9 相关咨询报告和批复文件复印并发设计单位，作为设计单位进行制定建设项目设计工作的基础和依据；同时发给项目可行性研究报告编制单位，作为可研报告的附件资料；并备建设程序后期工作中，项目其他审批程序的环节申报需提供附件资料。

附录 向环保局申请环评审批的参考文稿

关于××项目环评报告审查的申请

××环保局：

经发改委《关于×××××建设项目建议书的批复》（文号×××××），拟建位置于××××××××，项目建设初步投资计划××××万元，其中环保投资××万元，建筑面积××××m^2，项目用地面积××××m^2，主要功能为×××××××××。现已完成项目选址审批，并完成排水管理处对该项目排水方案设计的审批和项目环境评估报告表（书）的编制，特报贵局审查，请予批准。

建设单位：××××××

（章）

年　　月　　日

第七讲　项目的卫生审批

内容要点：建设项目选址确定后，应向项目管辖的卫生部门申报项目的卫生审查。用以确认项目建设选址的环境卫生条件，以及项目建筑设计初步设想符合卫生相关规定的情况。这是项目编制可行性研究报告的基本资料之一，也是项目立项审批必须具备的条件之一。本讲主要讲述项目卫生审批的操作过程要求及注意事项。

项目建议书和选址批复后，卫生审查和环保审批、市政配套设施征询，以及土地权属调查的成果，都是编制项目可行性研究报告的基础资料，缺一不可。由于项目的卫生是涉及民生问题，关系政府的政策导向，故操作时也应注意项目实施中有关卫生规范要求的贯彻。

1. 项目选址审批后卫生审批的操作过程

1.1 首先向申报窗口了解项目申报工作及需准备的相关资料的要求。

1.2 编写申请审查的专题报告，经建设方领导审查后，打印、盖章备用。

1.3 准备需附报的文件。

1.3.1 准备项目法人证明及经办人的法人委托书。

1.3.2 项目建议书的批准文件（复印件，带原件核对）。

1.3.3 项目选址意见书批复的文件（复印件，带原件核对）。

1.3.4 涉及项目位置的地形图，并用红线画示选址批复明确拟建项目的地理位置。

1.3.5 项目建设方案的建筑总图及平、立、剖面蓝图，注意平面图中各个房间的使用功能应用文字标明，以便卫生审查对有规范要求的功能房间引起注意，并提示设计和施工时应注意的要求；

1.3.6 根据申报告知要求，编制申报文件的清单，并逐项进行核对无误后备用。

1.4 所有申报文件和应附资料准备齐全后，按照申报文件清单再核对一遍，确认申报资料齐全、表达的技术信息准确不存在问题后，将所有资料按照清单顺序编号整齐梳理后，可向卫生局申报窗口递交。

1.5 接受窗口检查相关申报资料齐全后，出具资料接收凭证，待通知审查完成后，凭资料接受凭证取审查结果文件。

1.6 经办人应记录审查人员的联系方式，保持联系，以便及时解决审查过程中可能发生的问题，或者补充相关资料。

1.7 收到卫生审查通过的文件应及时归档登记，并及时复制转达给项目可行性研究报告编制单位及设计单位；以便卫生审查过程的执行情况在项目可行性研究报告中给予反映，卫生机构对项目初始审查的相关要求，在规划方案正式设计中予以贯彻。

2.工作过程中的注意事项

2.1 所有申报文件和资料都应仔细检查，避免表达不正确、不准确的情况发生，争取审查过程顺利通过。

2.2 经办人员应与项目审查人员保持应有的工作联系，关注审查过程的动向，及时处理和解决审查人员在审查过程中提出的问题。

2.3 由于项目选址后各项征询和审查都需要设计单位的工作配合，所以项建书和选址审批通过后，应尽快组织项目的设计招标，以便为项目的征询和相关审查工作提供初步设计方案的相关资料。项目管理在项目工作计划的编制安排中应予以充分考虑。

3.相关资料的收集整理要求

3.1 准备项目项目建议书批复和选址意见书批复的复印件，盖上建设单位公章，备报审使用。

3.2 购置申报需要的地形图，并做好的地形图上画示建设项目用地范围和建设项目位置的准备工作，并做好相关方案设计蓝图的制作工作，建筑平面图上应标明各个房间的功能名称，以便审查时对相关有专业卫生要求房间提出规范要求的注意事项。

3.3 做好报审资料的记录，必要时应准备备份，或做好能原样复制的准备，避免以外情况发生的需要；所有申报资料的准备都应有这样的预案。

3.4 收集完成审批的批复文件，及时登记、归档，并复制发给需要使用的参建单位，包括设计单位、项目可行性研究报告编制单位等。

第八讲　项目选址阶段的配套征询

内容要点：建设项目建议书批复后，通过各方专业征询，明确与审查相关机构对拟建项目建设必须完成建设项目征询的要求，以及落实可靠的项目实施社会环境配套条件，为编制项目可行性研究报告和确保项目建成后的使用，提供初步的条件和依据。

项目选址阶段的配套征询主要是落实社会市政工程主要设施为项目的配套条件，主要包括项目供电、供水、供燃气的供应条件；以及征询相关专业审查机构对项目选址环境的要求，主要涉及政府的环保和卫生管理机构对项目建设是否影响规划区域的环境，同时检查项目建设的周边环境是否可能影响项目正常运转和使用。从而起到保证项目建设达到在建设区域内各项设施均能安全正常运行，而不产生有污染物相互影响的目标。环保和卫生审查工作在第六、七讲有专门的叙述，本讲主要讲述通过项目配套工作人员的工作，完善编制可行性研究报告的各项配套条件，也为项目规划方案的设计提供初步依据。市政配套征询工作在选址申请不存在原则变化的情况下，可以与规划选址的申报审批工作同步进行。

1. 项目选址阶段配套征询的具体工作要求

1.1 选址阶段的配套征询工作包括供水、供电、供燃气的征询，目的是明确项目需用能源及能源介质的市政管线提供条件。必要时，为保证建设项目投入使用后的正常运行，可穿插完成区域内固定电话通信、网络和有线电视等管理、运营单位的征询工作。但这仅仅为工程完善和满足项目设计的相关基础设施配置条件，除水、电、气外均不是选址批复后编制和申报项目可行性研究报告必要条件。征询专题报告编制可参见本讲后附件样稿。

1.2 选址阶段征询工作注意事项。

1.2.1 根据项目选址地点和项目建议书批复，编写项目各项征询申请。申请应明确项目名称，项目建议书批复文件及文号。电、水、燃气征询应分别编写并向各征询单位提出书面审查的申请报告。

1.2.2 购置该工作阶段需要数量的地形图、管线图。购置方法和注意事项请参见第四讲《项目的规划选址申报》中第3、4点的讲述。

1.2.3 尽管选址后的各项征询、审批事项的管理原则是相同的，但由于项目的管理权限的划分，各地区对征询或审批具体的要求不尽一致，有时因时间变化，相关机构对征询要求也会发生符合实际情况的变化。为此进行这项工作前，配套工作人员应事前做好准备工作，弄清具体要求，避免资料准备不充分或报告不够明确造成不必要的返工，影响工作效率。

1.2.4 为保证征询工作顺利，必要时征询申请应附项目建议书和选址意见书批文的复印件，为接受征询单位提供必要的工作依据。

1.2.5 配套征询前，由于各区相关市政配套项目的管理机制有所不同，配套人员必须事前对各机构具体办事职能单位和工作程序、工作要求进行充分的查询、了解，以便合理安排工作顺序，并到能够办理相关事务的地点顺利办理相关手续，工作目标是达到一次成功，避免资料不全，地点、受理机关的选择错误，导致多次往返的时间浪费和工作效率的降低。

1.2.6 申报征询申请时，应注意收回申报申请资料的签收手续。

万一遇到接受但不出具接收证明的情况，配套工作人员要注意采取适当方法，保护自己，如做工作备忘记录，以备意外情况发生。

1.2.7 完成申请，收到发给征询书面意见结论文件时，应将同意供电、供水、供气等文件复印，并发给项目可行性研究报告编制单位和设计单位，作为他们后续工作的依据。分发征询同意的文件时，应注意办理签收，同时应对原始资料进行妥善归档保管。

1.2.8 由于各项专业征询工作要求，有要求按照顺序各阶段进行的，也有跳程序环节进行的，都要事前做好计划安排。可平行同步进行的应尽量安排齐头并进工作，保证提高工作效率，使项建书批复到项目可行性研究报告申报的工作周期压缩在最理想的最短时间内。

2. 相关注意事项的说明

2.1 项目建议书批复后的征询工作，需注意对照检查各项征询意见在设计文件中的落实情况。后续的规划方案设计、初步设计和施工图完成后，都有阶段征询和向专业机构报审要求的工作环节，基本要求是相通的，差别在于向各个部门报送各阶段审批文件中的设计深度要求不同。有的在选址确定后申报，有的在初步设计后申报，也有施工图完成后须申报的要求，而最终都要在竣工时进行各项专业要求兑现的验收。所以需要项目配套人员与各审查机构加强联系，明确各机构届时的具体审查要求，以便及时做好对应各阶段的各项专业申报，以及竣工后的专业检查验收的准备工作，避免工作的不完备、不规范。影响某一环节的审批，或拖累同一阶段的其他环节审批，致使影响整个程序执行阶段整体工作计划的完成。

2.2 如果项目规划选址涉及航运水道和码头、空港、隧道、地铁、高架路、桥梁等工程和设施时，还应做好向这些设施的主管机构办理各项专业征询和对方案的认可，相关审查意见必须通知设计单位在设计文件中予以充分考虑，避免产生设计文件相关要素的缺失，造成设计工作的返工而影响项目推进计划的实施。

2.3 做好相关审批文件的有效期控制管理。在项目前期配套工作中，许多批文的执行都是有有效期限制的。为此项目管理应注意这些文件的有效期管理控制工作，如责成项目管理中专人关注此项工作，做好收文的有效期记录，并定期检查这些记录。在有效期到期前一个月时，应提醒主管人员，根据相关事项的执行情况决定是否需要办理延期申请。若需，则应及时编写延期申请报告，说明理由，并向原接受窗口申报办理。延期后的批文资料除按资料管理要求归档外，还必须进行有效期控制管理，以备可能再次延期的情况发生。

3. 本阶段的主要资料工作

3.1 及时收集各专业机关审批意见，包括专业机关专项审批意见书和在申报申请报告上签署的同意意见。均予以妥善保管。

3.2 收集、整理各项征询的申请报告并分类归档，做好原件的复印工作，复印多份备用，可作为今后专业申请提供原始初步审查批准的依据证明。

3.3 征询资料的复印件发设计单位作为个专业对设计要求的依据文件，必要时也可发给财务监理单位作为投资计划控制的一项要素，避免编制项目投资计划时漏项。

第九讲　设计招标和项目规划方案设计

内容要点：项目规划方案设计是根据规划选址的批复，通过设计招标，选择项目的设计单位。由设计单位在批准的项目选址范围内，按照控制性详细规划的要求，进行建设项目的工程规划方案设计，然后将这一设计方案征询有关专业机构审查，同时按照各审查机构的意见，对规划设计方案进行优化、调整到符合各专业审查机构确认其合理、合法、合规，直至符合申报规划审批要求为止。

建设项目的方案设计是项目申报规划方案许可的必备文件，也编制建设项目可行性研究报告的重要内容之一，是项目设计管理程序的重要基础步骤。方案设计不仅需要报规划部门的批准，还影响土地权属调查工作、土地预审和项目投资匡算等工作进行的需要，因为这些工作的完成，涉及项目设计位置设定、与地域控制性详细规划相符性的核对、土地所有权的确认以及区域环境控制等的相关问题，也是各专业进行项目技术指标审查的基本依据，是建设项目的重要资料之一。

为此，必须尽早做好项目的规划方案设计的准备。一份符合规划要求的设计方案是项目工程初步设计和施工图设计的提纲和灵魂，能给予我们一个拟建项目的初步形态、轮廓和概念。规划方案设计更是深层次初步设计和施工图设计的铺垫和前奏。为此，做好项目规划方案设计，形成项目建筑实体的雏形，对建设方、各参建人员和评审人员增加建设项目的感性认识，从而对项目建设诸多因素进行客观比较的评价，具有十分重要的意义。

项目的规划方案设计也是项目工程设计技术工作正式开始的标志，是项目设计管理实质性工作的正式启动。前面所做的工作，包括选址调查和申请、项目建议书申报，设计任务书编制、市政配套工程征询、地形图购置，排水方案编制和审批、环境影响评估报告编制和项目环保审批等等，都是为项目方案设计的实施做准备。也就是说，所有前面做到工作成果，都必须在规划方案的设计工作中得到体现。规划方案设计的成果是建设项目申报规划审查第二道手续的基本资料（第一道规划审查手续是规划选址），也是后续设计深化工作的基础和母本，由于项目的各项功能和建筑要素均可在方案中得到反映。所以，也就成为工程计划投资匡算的基本计算依据，而项目匡算是项目立项的主要经济控制指标。为此，项目的管理工作必须重视这一环节，从设计工作开始就把好这设计管理的第一关。

方案设计审批的申报按照现行建设项目管理程序规定，应在项目可行性研究报告批准后进行。但由于项目选址意见书的申请需要总平图位置的说明，同时在项目可行性研究报告申报文件中也需要有建设方案的描述，在项目的前期征询、卫生审查、环保审查中，都需要有对项目建设情况进行概念的说明。另外，为了使项目在可行性报告申报比较准确，也便于方案规划审批更有把握，加快规划方案审批周期，在申报项目可行性研究报告前，利用程序工作中排水审批、环保审批、在市政征询进行过程的同时，同步推进项目的方案设计和进行规划设计方案的预审。这也是加快建设项目程序推进，提高工作效率的可行和有效方法。所以，实际执行中，有些审查机构也会将建设项目的规划方案审查提前至可研报告申报审批前。如果程序上规划方案审查在可研报告审查审批后进行的，那么可与规划局负责方案审查的人员进行协调，在可研报告申报前，做一次规划设计方案的预审。这样一方面可满足申报可研报告中关于建设方案的准确性要求，同时也为完善规划方案的设计和正式规划方案的快速审批创造有利条件。

1.方案设计委托前应做好以下准备工作

1.1 购置拟建项目的地形图。地形图在测绘单位和各区规划部门制定地点购买（购置方法参见前第四讲《项目的规划选址申报》中第3、4点的阐述，到市测绘院购置即时就可以提取）。

1.2 地形图购置数量只要满足规划设计阶段使用即可，不要留存多余的地形图，注意避免浪费。

1.3 为工作需要，应同时购置至少2套管线图，一套准备复印提供给供水、供电、供气、电信、设计单位各单位做管线施工和设计准备用，也可供施工期间为保护现有管线的监测工作使用。该管线图与购置地形图的图幅、图号一致，相关地域所涉道路的地下管线埋设情况都在管线图上有反映。管线图在施工阶段一般不会发生变化，可以一次购置。如果发生项目建设与市政建设同步时，相关管线图无法提供，建议建设单位应协调管线施工单位，获取涉及建设项目附近的管线施工资料做参考，一方面避免建设项目与市政管线工程项目之间相互影响，同时还可以避免工程施工期间发生相互矛盾的情况。

2.设计招标和委托

项目的方案设计应委托具有与项目规模相应资质的设计单位。根据相关规定，限额以上规模和投资金额的政府或国有资产投资的项目设计，必须经过设计招标。一般国内项目进行项目方案设计招标，是根据方案设计的效果、建筑指标的符合性、设计收费报价以及设计单位的资质和业绩等因素，进行综合评价后，选择设计单位。同时，通过设计招标标书可以明确投标方案的知识产权归建设方所有，可为避免进行综合未中标方案设计的长处，优化和完善项目设计方案时，遇到知识产权问题的司法麻烦。另外，一般方案设计可与初步设计、施工图设计委托同一设计单位进行，也可将方案设计与后两项设计分开，合并与分开的设计工作实施，主要取决于项目的规模、专业设计的复杂程度等因素。但是应注意各阶段设计收费比例的合理分配，确保各项设计费用的总和控制在项目初步设计概算的勘察设计费用总指标范围内。

设计费用的分配，经粗略统计，方案设计、初步设计、施工图设计费分别约占总设计费用比例的30%、35%、35%（比例仅作参考），其中施工图阶段的设计费包括设计的现场服务和竣工阶段的设计服务工作。对于不同性质的工程可能会有不同的具体情况，建设方可咨询项目管理、财务监理，并协调设计单位协商后确定，并应在设计合同付款条款中予以明确。各阶段设的计费支付应在完成该阶段设计文件完成审批后，设计单位提交施工图设计后，在总设计费中，应预留5%-10%的设计费作为施工阶段服务和设计总服务质量评价后支付的费用，不能一次付清，要充分利用经济杠杆的制约作用，避免后期的设　计服务工作推诿和不到位。

项目方案设计招标时，应做好以下准备工作。

2.1 整理一套资料（包括申报项目可行性研究报告前，完成前期各项报审、征询工作的成果），主要包括以下文件

2.1.1 项目建议书的批复文件。

2.1.2 控制性详细规划对项目的建设指标要求，或控制性详细规划对建设地的相关规划文件（包括详规批文及使用详规的图号）。

2.1.3 规划选址意见书及颁发规划选址意见书的通知。

2.1.4 市政配套各项征询成果，以及经审核批准的排水方案设计文件和水务部门对排水方案批准文件。

2.1.5 卫生部门的卫生防疫建审意见。

2.1.6 项目的环境影响评估报告书（表）和环保部门的审批文件。

2.1.7 数字化电子地形图（地形图光盘复制件）。

2.1.8 建设方对规划方案的设计要求（设计任务书，单独进行方案设计或招标时提出的规划方案设计书面要求）。

2.1.9 其他专业征询、审查的意见或批准文件，如抗震、防雷评估，涉及地铁、高架、隧道、空港、水线等专业保护对工程深度、高度和间隔距离等的要求。

2.1.10 设计合同（初稿，包括设计单位资质，也可包括含初步设计、施工图设计和设计现场服务的工作内容，及文件制作要求）。

上述这些资料的准备和提交，说明建设方已经完成与建设项目相关各方面的协调，并要求设计单位按照规范要求将这些因素糅合在项目设计的技术文件中。

2.2 办理设计委托合同。委托设计的手续应在经过设计招标，确定设计中标单位后办理。

一般设计单位提供政府颁发的工程技术咨询合同（协议书示范文本）。

因此除一般内容填写外，在合同中未涉及或不完善的内容，应在文本补充栏（其他约定）中增补。应该注意补充的合同内容包含如下方面。

2.2.1 明确合同总价的付款方式。在以往的设计合同中，设计单位会要求施工图完成后设计费全部结清，这样容易造成施工图完成后的设计工作缺失。根据目前市场运作情况，为控制施工和竣工验收过程中设计服务工作（包括设计技术交底、设计修改、技术核定确认、工程节点验收、竣工验收、设计对工程质量评估的意见等），建议合同签订后预付 20%，完成方案设计（方案经规划批准）后支付 30%，完成初步设计（初步设计经批准）后支付 20%，完成施工图设计（经审图合格）后支付 15%，完成全部工程施工支付 10%，提交工程竣工设计合格证明和完成竣工质监备案验收支付 5%。保证项目实施全过程的设计管理工作处于经济杠杆的调控之中。千万要避免施工图一交，合同设计款就付清的草率做法，使设计工作失去后期落实阶段的质量控制措施，形成委托的设计工作实际发生缩水的状况。

2.2.2 审图的委托是施工图阶段后期的工作，审图资料应由设计方向审图单位提交。如果设计合同包括全过程设计，按照规定，审图的委托应由建设方负责。在设计合同中应明确由建设方负责委托审图单位，届时将审图单位的联系方式告知设计单位。

2.2.3 按照一般设计工作规定，设计单位向建设方提供方案和初步设计文件五份，施工图纸八套，由于实际使用文本和图纸的数量远远超过这项规定。为此，合同应规定增补图纸的价格标准，以便控制项目成本。如果有条件，应该在基本统计准确的基础上，将需要增补数量的图纸费用一并包含在设计费总报价中，一次性包干使用，纳入设计条件和设计费用中，以减少图纸增补的繁琐手续，并减少因增补图纸增加建设单位管理费支出。此项工作在设计招标和合同谈判时明确提出则对建设方比较有利。这种通过招标邀约，明确相关责任，并简化操作、节约成本的方法，在实际操作中是可行的。

2.2.4 审图需要的图纸和设计单位需要保存的经过审图确认的图纸，应由设计单位自行负责，不计算在向建设方提供图纸数量的范围内，必要时应在设计合同中明确。

2.2.5 因设计原因修改图纸而重新出图的费用，应该由设计单位自己承担；因建设方要求进行的图纸修改而发生的费用（包括设计人工费和图纸费用），原则上应由建设方承担费用，实际操作上可以与设计单位协商解决，并归并在上述 2.2.4 项的内容中。为了避免建设方原因发生设计修改，建设方在提供设计要求及相关资料时，应注意资料的提供符合完备、准确，功能要求明确的要求，避免项目建设成本的增加和工程实施中不必要的一系列反复的麻烦。另外，应其他原因需要增补图纸的，应由需图的使用方或责任方承担费用。

2.2.6 由于设计修改和技术核定的原因，图面修改内容超过30%，在设计合同中应明确由设计单位负责绘制新的竣工图纸，保证竣工图纸资料的质量符合规范要求。

2.2.7 合同应明确设计参与项目建设实施过程的工作，包括设计技术交底、过程中实施情况与设计的符合性，各项中间验收和竣工验收，签发项目竣工验收设计合格证明书等，确保落实项目工程实施过程中设计责任的落实；如果项目大则随机变化可能性也较大，需要在现场进行某些设计的，还应明确现场设计的条件、报酬处理方案等。

2.3 委托设计合同的签订还应注意以下工作。

2.3.1 对合同文本的修改，应形成书面文件备案。合同确立前应由投资监理、法律顾问、项目管理对设计合同文件进行审查，提出书面审查意见，经协调和合理修改后再办理签约手续。

2.3.2 设计合同应由设计单位持设计中标通知书向设计交易中心办理设计和设计交易备案手续，建设单位或项目管理应提供使用项目报建卡（项目 IC 卡）的方便，并注意 IC 卡使用后及时收回。

2.4 设计方案内审。项目方案设计初稿完成后，应提交规划部门进行审查，但审查申报前，建设方和项目管理应组织相关咨询技术人员对设计方案进行内部预审。内部预审应注意检查如下事项。

2.4.1 建设用地范围是否符合项目选址意见书的要求，主要包括以下内容。

2.4.1.1 关于红线退界、各单位工程之间的间距均应仔细核对。间距标注尺寸大于 10m 的，实物尺寸误差要求控制在 10cm 内，小于 10m 的，应将误差控制在 5cm 内。

2.4.1.2 总图定位尺寸应以建筑物完成面计算，包括建筑物的饰面、保温材料施工厚度在内。

2.4.1.3 建筑高度控制在规划部门明确核定的建筑高度范围内。

2.4.1.4 绿化面积必须从围墙或墙面完成面内侧至道路侧石外侧计算，各块绿化面积分块计算，绿化总面积设计指标应控制达到规划和绿化批复的指标要求（实际完成的绿化面积应大于设计指标，确保绿化验收的指标项达到审批指标的要求）。

2.4.2 方案设计的各项指标是否符合选址设计要求的指标。一般情况下设计指标应达到规划设计要求指标即可，无须高于规划设计指标，但不能低于规划指标要求。低于规划要求指标则方案设计将被判定不合格；而高于规划指标被批准而实际施工却没有达到，竣工验收将按确认的高于规划要求的指标验收，会影响规划竣工验收的通过。在指标控制方面需给工程竣工验收留有一定的可控余地，宁可实际结果等于或高于规划指标的要求，在规划验收时就可以顺利通过。

2.4.3 建筑物外墙面边线退让红线的距离，是否满足规划要求。道路交叉路口的红线退让，是以路口道路红线圆弧的割线计算退红线距离的，这一点应在检查方案时予以注意。

2.4.4 建筑物外边线应包括建筑保温材料施工完成面的厚度尺寸，规划验收的误差不允许超过5cm，为保证规划验收，方案设计不应简单考虑以往计算允许误差的因素。因为以前制订的误差标准没有保温层要求，所以现时墙面外包尺寸允许误差值没有改变，但增加了建筑保温要求的墙体厚度，故必须注意这部分尺寸包含在墙面外包尺寸内，避免这项指标在规划验收中超标。

2.4.5 总平面图设计中应注意各拐点距离相关方向的红线距离，同一条红线中有多个建筑拐点的，主要应标注距红线距离最短的点符合退让红线的距离要求及相关间距即可，无须点点都做坐标和距离的标注，以减少实际操作中多点误差难以统一和修正的不必要麻烦。

2.4.6 逐项检查方案设计的文字说明，是否项目实际情况符合。在目前情况下往往在套用相似电子文档时，疏忽对其他项目中与本项目无关词语的修改。

2.4.7 检查项目的绿化面积是否达到批复规定的绿化面积指标。应该注意，绿化在实际操作中，由于项目的围墙基础外边线按照规定不能超过红线，所以实际绿化面积因实际围墙向内移动，绿化实际面积会减少许多，同时基地内绿化边缘的侧石也不计算绿化面积。因此，在实施过程中，应提醒施工单位、施工监理注意控制实际绿化面积，注意绿化布置的调整，保证实际绿化面积达到批复的指标。

2.4.8 检查项目方案设计的功能是否满足使用方（建设方）的要求，对于政府投资的公共建筑、办公楼等工程，其各项功能使用建筑面积的指标一定要符合政府公共建筑使用面积标准和人均建筑（或使用）面积标准的规定，避免超指标设计和施工。对于特殊需要，应具有相关的充分说明，得到相关审批机构的认可，否则将难以通过审查。

2.4.9 检查方案设计的工程匡算。检查工程估算指标是否在计划投资金额范围之内，并考虑确保项目投资在可操作的范围内。此项工作可委托项目财务监理进行，并在与财务监理的委托合同中予以明确。因此，只要条件许可，应使项目财务监理尽早介入项目工作。

2.4.10 注意检查设计总说明中设计选用标准的符合性，注意避免错误或失误选过时或淘汰的标准、规范。

2.4.11 最后进行项目方案设计文本装订的检查，是否有缺页、顺序颠倒、印刷不清楚等情况，一般情况下，整洁、大方、规范即可，不宜过度装帧，过度装饰，应注意履行节约，体现建设方重视项目，又不浪费物力财力的作风。

2.5 方案设计过程的资料收集保管

方案设计完成后，由于设计过程中涉及多次修改，可能会产生对多个版本的方案设计文件，有时由于方案设计招标，也会涉及多个单位的设计文本。为了利用这些文本，进行设计优化，同时反映设计过程的情况，必须将这些设计过程资料进行妥善保管至项目审计结束，并应将批准的设计方案文本重点保管。可以采取在文本封面上加注文本出版时间和设计单位名称等方法，避免文件丢失或顺序混乱，以及错误使用废弃文本的情况发生。同时，因为设计过程中各方意见的磋商，会发生许多技术、功能等问题的书面意见交换（包括信函、电传等）对此经管人员也必须妥善保管，保留各种变更的依据，避免失责的追溯检查。

2.6 设计委托应注意的其他事项

2.6.1 方案设计招标后，涉及方案优化的责任，应该在设计招标文件中明确是设计中标单位的合同内容之一。同时应明确投标的方案设计成果其知识产权归属为建设方所有，因为建设方在招标时已经承诺并委托招标代理支付了不中标的补偿费用，故建设方有权将这些成果交由中标单位进行优化。

2.6.2 设计方案优化工作完成并基本确认后，除报规划审批外，应通知设计单位编制并提交地质勘查要求书面文件。对地质勘察要求的书面文件应作为过程文件妥善保存，并转发给地质勘察单位进行地质勘察准备，注意做好文件发放的签收记录和归档保存工作。

2.6.3 有条件的情况下，征求规划方案审查人员的意见，也可进行方案预审，以便方案正式申报时一次通过，避免方案的程序审批手续上产生返工的时间耽误。

2.6.4 签订设计合同时，建设方应要求设计单位协助完成设计公示，并做好各项规划申报的地形图标图工作等相关的配合。

3. 本阶段主要资料工作

3.1 检查各项征询意见、批复在方案中的执行情况，注意收集各方检查意见反馈给设计进行方案优化，注意过程资料收集和保存。

3.2 规划方案一般在选择设计单位，进行招标或比选时产生，注意过程资料的完整保存，以便客观反应设计招标的过程情况。

3.3 一般招标资料由招标代理公司形成招标资料汇总，档案资料注意收集汇总资料以外辅助说明招标过程的资料。

3.4 方案公示的情况如无异常无反复，相关资料保存待工程竣工验收后形成固定资产产权，可以处理。如果有异常变动情况则应将变异情况记录保存在建设单位自存的档案中，便于日后备查，并对相关情况能有所说明。

3.5 所有资料完成整理后应在卷首附加本卷资料目录。

3.6 本阶段资料有三种形式都需要索引说明即。

3.6.1 按资料形成的时间序列编制的索引。

3.6.2 按照项目建设程序制成的资料索引。

3.6.3 专业资料索引。

不管何种资料索引，均应在索引中明确实际归档宗卷的位置编号。

有关项目人防设计的相关事项

当项目有建设人防工程的要求时，会在征询人防办意见时明确。所以在方案设计时，就应与人防办联系和协调，并应按照人防设施建设管理的要求，应委托有人防设计资质的专业设计单位进行人防设计，并经人防办认可后办理人防设计的委托工作。人防设计前应进行项目工程设计单位和人防设计单位的协调和沟通，由项目上部设计单位将上部建筑设计的理念交代给人防设计人员，同时人防设计单位将人防设计的要求转达给上部设计人员，使上下工程能相互融合，保证地上建筑和结构与地下人防工程结构和设施能有机结合成一个整体。

人防工程设计资料按照项目设计资料管理的要求收集、整理，并专辑编制和归档。涉及人防的各阶段设计的要求，除按建设项目程序管理要求执行外，还应征得人防办的审查和认可。建设方和项目管理应注意将人防建设的管理融合到整个项目程序管理的工作中。

附录一 设计主要工作流程示意图

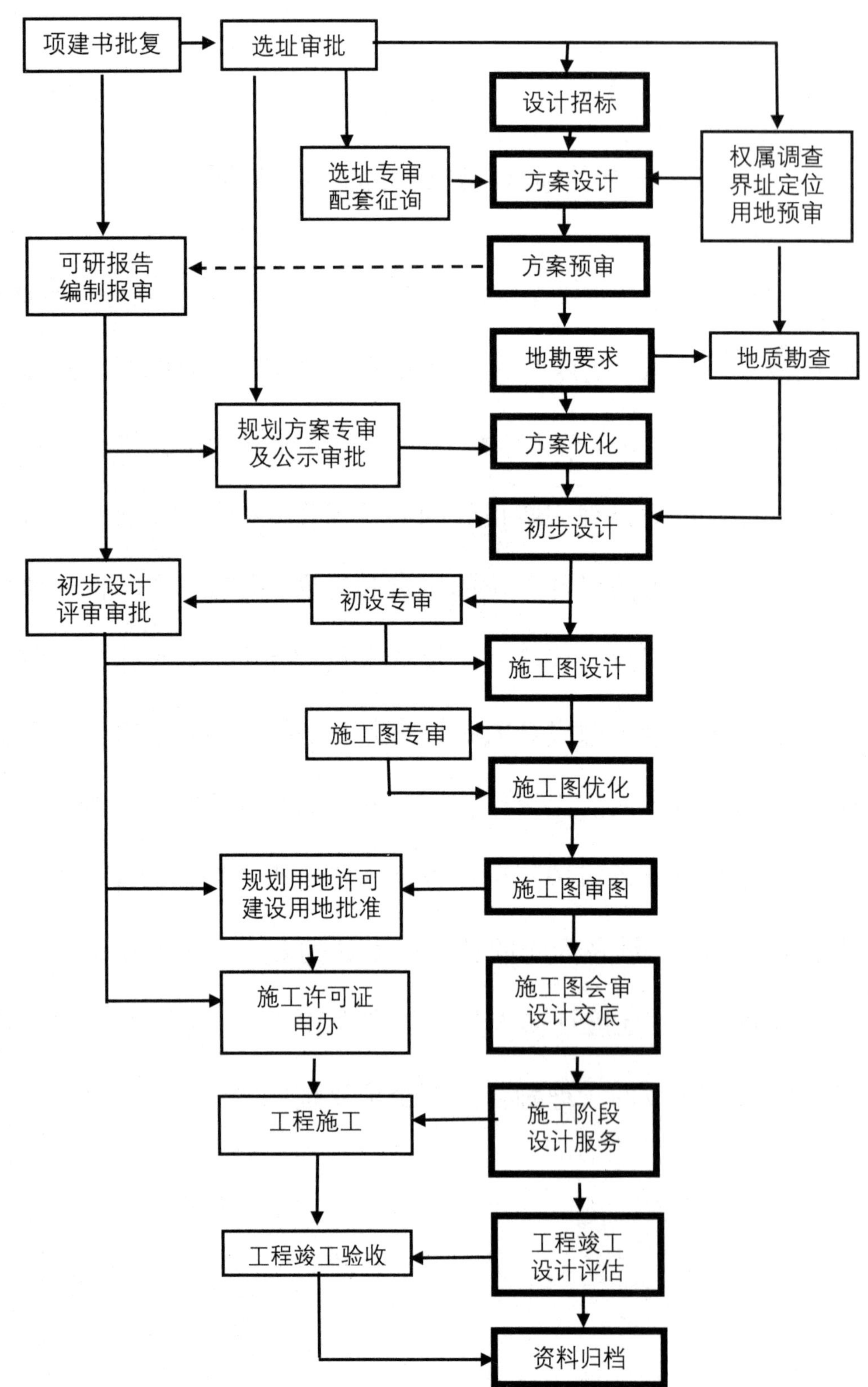

注#专审指政府相关职能部门对所涉阶段设计文件进行专业审查。过

程资料注意及时收集、分发、归档

附录二　项目设计工作要求项目建筑设计工作告知单

此项工作在设计中标后即发出。

为了做好项目的工程施工各项准备，除正常的设计技术工作外，设计单位在项目实施过程中其他的相关工作要求告知如下。

一、设计条件准备

1. 领取领取建设方关于项目立项的批准文件。

2. 领取建设方项目用地的地形图及电子文件。

3. 领取建设方关于项目谁要求的文件（包括设计任务书）。

4. 领取建设方关于项目征询和相关专业审批的文件。

二、设计手续的办理

1. 领取中标通知书及项目报建号（包括项目号和卡号）。

2. 向建设方或其委托的项目管理单位、人员申报项目设计组成员名单和相关资料（包括姓名、工种、职务、职称、联系电话，以及相关人员资质证书复印件、盖章的设计单位资质复印件、单位地址、电话和传真号码），提供的书面资料需盖设计单位确认印章。

3. 提交设计合同报审稿，复核通过后办理签约手续。

4. 办理设计合同交易备案手续。

5. 办理支付设计合同预付款手续。

三、设计工作

1. 按照合同要求，进行各阶段的设计工作。

2.负责与规划及各专业设计审查机构协调、解释设计情况，并按照各审查机构及建设方和建设方委托的项目管理人员要求修改、调整设计文件直至通过各项设计文件的审查，负责配合规划等包括公示、划示用地范围等要求的文件制作。

3.参加初步设计的审查，事前应进行初步设计文件和概算的相关准备工作，系统介绍项目设计的情况，解答审查专家提出的各项问题，在项目设计符合项目批准文件要求的前提下，为满足建设方的功能要求提供证明条件后依据，使项目初步设计审查顺利通过。

4.负责与建设方委托的审图单位联系，提交供审图的施工图设计文件。

5.施工图审查通过后，领取审图合格证明文件，并按建设方的图纸需要数量，负责向审图单位提交盖审图章的图纸（设计单位需留用的存档审图图纸不计在内），并在完成审图盖章后交建设方管理人员。

四、开工前的设计工作

1.准备设计交底资料，应包括项目概况介绍、建筑和安装各专业的设计思路和要求，施工中可能出现及需要引起注意的问题，以及工程涉及强制性规范的事项，相关资料应备制书面文件作为项目设计技术交底的附件，发给建设方、施工监理单位、项目投资监理单位、施工总承包单位等要求贯彻设计要求的单位。

2.按照建设方的时间安排，组织项目设计各相关专业参加建设方组织的项目设计技术交底会议。

3.对施工监理经过施工图会审的问题，做好事前回答准备工作，形成书面意见，发给参加设计技术交底的各相关单位，并作为项目设计技术交底的附件。对设计技术交底会议中确定的各项技术文件给予签证确认。

4. 对于设计中存在的设计技术问题，及时给予办理相关的设计修改，涉及重大设计变更，及时按照审图规定和上述审图工作的相关要求办理相关修改设计的审图手续。

五、施工和验收过程中的设计工作

1. 根据工程需要及施工监理的通知要求，及时参加施工监理组织的工程例会，了解工程进展情况，及时解决工程实施中需要设计人员解决的设计技术问题。

2. 及时参加各阶段需要设计相关专业参加的工程验收工作，并按照规定提出和签署设计验收意见。

3. 根据工程建设的实际需要，及时办理设计修改文件，并及时调整可用设计文件目录，修改文件提供的数量和方法按照合同规定图纸数量和上述要求执行，同时书面明确作废的设计文件及相关文件编号，注意重大设计变更审图要求的执行。

4. 按照申报验收小组设计单位人员的名单，及时安排验收小组设计单位人参加竣工验收工作小组的工作，并完成竣工验收设计单位确认手续。

5. 对于项目施工中因设计修改超过规定的图纸，负责配合施工单位重新调整设计图纸供施工单位制作竣工图使用。

6. 按照合同规定完成设计工作内容的时间和金额办理设计合同

付款手续。

以上是建设方对项目设计工作的要求。本要求作为设计合同的附件，希望设计单位规范执行，对于项目实施过程中可能存在的其他本要求未予涉及的问题，建设方将以通知或工作联系单的形式告知设计单位，需请设计单位及时给予积极有效的配合。

第十讲　项目可行性研究报告的编制和报审

内容要点：批准项目可行性研究报告是项目正式确立的标志，批文将明确项目建设的规模（包括建筑规模和投资规模）。为此，本阶段的工作应该做得极为仔细，准确、可靠，把可能影响项目建设可行性的问题均应予以排除。报告涉及审批通过的各个环节都应予以准备充分，保证项目能够在符合客观社会需要、符合自然环境的保护、符合节能措施的落实，以及符合社会宏观建设经济的承受能力和在审批机构允许范围的条件内顺利获批，并正式启动施工准备的相关工作和顺利进行项目建设。

建设工程项目可行性研究报告审批的通过，是项目正式立项的标志，也是建设项目正式确定项目的投资指标、建设规模的一项特别重要的工作。

项目可行性研究报告的编制是在完成项目建议书批准后，必须慎重考虑和进行周密协调组织的一项重要立项准备工作。在进行项目选址、市政配套征询、卫生和环保审批等相关一系列工作的同时，项目管理应抓紧落实具有项目可行性研究报告编制专业资质的咨询单位。并在提供项目建议书批复的前提下，逐步完善和提供市政配套条件及环保和卫生审批等相关基本资料，为编制项目可研报告使用。

在选择有资质承担编制项目建议书单位时，注意也应同时检查具有编制项目可行性研究报告的资质。一则可使两项工作有延续的连贯性，二则可避免两次选择和委托，同时也可使两项工作有机衔接，减少工作交底、目标理解等方面的差异。如建议书编制质量不能达到要求，建设方有变更编制单位的权利，以保证建设方行使主动决策权力。这些情况和要求应在与之签订委托编制合同中明确。

项目建议书和项目可行性研究的编制单位可以采用在多个有资

质的编制单位中比选产生。

1. 项目可行性研究报告委托编制合同

其可与项建书编制委托合并。

1.1 明确委托事项及相关要求，保证委托的可行性研究报告能一次获得通过。

1.2 委托事项必须按照编制项目可行性研究报告的收费标准收费，同时也应加强沟通、协调，争取有所优惠。

1.3 签订的合同委托费用不能在签约后一次付清，可预付部分费用，余款应保留一定比例的份额，保证完成可行性研究报告审批通过，取得批文后再予以结清，即保证委托事项的切实落实。

1.4 对于可行性研究报告一次不能获得通过的，编制单位有义务负责调整、变更直至完成审批通过的目标，并承担不能一次通过的违约责任，影响审批完成约定时间的，应可视情况调整合同付款额，但必须在合同中予以明确。

1.5 对于可行性研究报告中的项目建设经济指标，应考虑十分仔细，避免漏项、错项，避免少报、错报。同时，应保证按照规范许可留有必要和可行的余量，以满足项目顺利建设的需要。

一旦明确编制单位，在完成项目建议书审批后条件成熟的时候，尽快进入项目可行性研究报告编制的准备工作状态，争取在资料提供完备的情况下，以最快的速度完成规范的项目可行性研究报告编制，及时提交审查和审查后的正式申报。这是加快项目前期立项过程推进速度的必要措施。

2.项目可行性研究报告编制需准备的资料

2.1 编制单位提出的项目可行性研究报告编制书面要求。

2.2 项目建议书批复（复印件）。

2.3 项目是配套征询确认的相关资料（包括供电、供水、燃气），如果建设单位在已经拥有土地权属的基地上建设，并已经具备供电、供水和燃气供应等条件，不需要因增加容量调整供能设备的，则应提供相关证明或说明资料）。

2.4 项目规划选址意见书或项目规划设计条件的批复。

2.5 项目土地权属调查报告或已有使用权的土地权证，以及通过土地预审的证明材料。

2.6 项目地质灾害评估报告（视需要和规定办理）。

2.7 排水方案及水务部门批准排水方案文件。

2.8 项目环境评估及环保部门审批意见。

2.9 卫生部门对项目审查的意见。

2.10 拟建项目的初步规划设计方案。

2.11 项目投资匡算及项目建设资金来源的说明。

2.12 建设项目可行性研究报告编制单位资质（编制单位提供）。其他为证明项目建设可行性的必要文件。

3.建设项目可行性研究报告的申报

3.1 先由项目建设的法人单位向上级主管机构汇报项目正式立项申报的准备工作情况，并呈报项目可行性研究报告文件，请示同意上报事项。

3.2 由上级主管机关行文并附建设项目可行性研究报告文件，报发改委审批。

3.3 由发改委委托可研报告专业评审机构组织工程建设各专业的专家对申报的建设项目可行性研究报告进行评审。

3.4 由评审机构整理专家的评审意见，报发改委审查并研究项目的审批事项，经综合平衡后，拟定批文发给建设单位的上级主管机关。

3.5 建设单位收到上级主管机关转发的建设项目可行性研究报告，即可进行建设程序后续项目规划方案的设计。

4.项目可行性研究报告的专家评审

项目可行性报告审批前，发改委会组织有关专家进行报告的专题评审，并通知建设方参加。此时，建设方应组织设计单位、财务监理单位做好准备（为了做好项目投资控制工作，项目财务监理应早日介入工作），如果能较早落实项目管理单位、施工监理单位，也可设法组织其同步介入，并参加评审会议。为完善项目建设的立项准备，应充分考虑各方面的因素，并对目标实现协同做出一致的努力。这样一方面可以协助建设方对应取得较理想的投资指标，特别是应对难以执行的技术标准和要求，或难以兑现的经济指标问题，尽力做好各项争取的准备工作；另一方面可以就专家在评审中对经济和技术事项提出的问题给予理解，并将这些问题、意见和措施带回去，由各个参建单位认真研究，悟清道理，在后期的初步设计中加以调整和贯彻。保证切实执行拟定的项目功能和建设标准，并避免执行中“超概”而难以“调概”的情况发生，同时也加大了对项目管理、财务监理、施工监理工作责任性的要求。

如果在此以前的准备工作做得比较充分，可行性研究报告的编制、申报、评审就可避免太大的出入。在此基础上，也可协调设计单位尽量提前进入初步设计的准备或进行电脑上的初始工作，以便充分利用长周期工作节点时间，充分做好后续关键节点的工作、有效控制进度。待可行性研究报告批复下达时，即可针对批复提出的要求进行快速调整，并以最快的速度完成初步设计的工作。但必须注意，没有把握时千万不可贸然推进，万一有较大的调整，纠正也许也是挺复杂和耗费时间的，有时也可能会得不偿失。所以工作快速推进要审慎思量而行，既要有闯劲，敢超前，但也要注意避免冒进，超前工作必须在有把握条件的前提下进行。

一般政府投资的建设项目，建设项目可行性研究报告的批复会发给项目实施单位的主管部门，并列入政府投资计划中。所以完成审批后，注意与主管部门联系，及时索取批文，并注意保管或复印发给各相关的参建单位，特别是设计单位，使他们在推进下一阶段设计时具备操作依据。

在项目可行性研究报告的编制过程中，注意检查和审查项目申报理由的编写，经济指标的确定，还应与财务监理多协调，必要时还可以咨询有关专家，保证编制成果切实反映项目建设的需要，并保证项目申请的规模和投资计划能顺利通过评审和审批。

项目可行性研究报告的审批周期需要40-60个工作日，时间较长，建设单位和项目管理工作应利用这段时间进行规划方案的优化、协调并完成规划部门方案预审的相关工作，以及进行工程安装设备的调研工作。一旦项目可行性研究报告获批，即可进行项目规划设计方案的正式审批，继而快速进入项目初步设计阶段。

5. 本阶段的资料工作

5.1 检查和收存委托编制的建设项目可行性研究报告。

5.2 编制上报申请建设项目可行性研究报告审批的请示件。

5.3 组织设计和财务监理研究申请报告和上报的可行性研究报告，特别应研究申报匡算的可行性，既不要超预算，也不要漏项，还要考虑留有适度余量的可能性。还要参加可行性报告评审会议，积极提出需要申辩的议题。保证项目建设的基本条件，注意收集和保存编制过程中产生的全部书面资料，从备整理竣工资料时使用。

5.4 根据审查要求，及时积极补充审批需要的追加资料，促使项目尽快获得确认、批准。

5.5 及时收存会议纪要、评审记录、批文等，并复制发给设计、施工、财务和施工监理，并做好签收手续。特别要注意原件的妥善保管。

第十一讲　规划设计方案的征询和公示

内容要点：项目规划设计方案征询和公示是政府规划部门审核规划设计方案前一项重要的前提工作。主要是检查各专业审查机构对项目规划设计方案符合项目各专业要求的受控情况，保证项目建设在工程项目的技术层面上符合社会经济建设发展的方向和要求。同时，通过项目规划方案的公示，做到减少对项目周边社会生活环境的影响。为此应，必须注意做好征询和公示的各项细节工作。

在申报规划局规划方案审批前，项目的规划设计方案应完成政府相关建设专业管理机构的审查，以保证项目建设涉及相关管理机构控制要求得到满足。在项目建设前期程序中，这是第二次与规划部门的工作接触。为保证规划方案顺利完成设计符合规划技术的审批，必须按规定完成规划设计方案的征询和公示工作。

规划设计方案的征询主要明确项目建设的用地范围与道路红线、河道蓝线、绿化控制线要求相吻合的问题，同时要了解交警、节能办、绿化、人防等机构对规划设计方案用地范围内防雷、抗震、节能、绿化、人防等各项要求，以及基地内外交通设施的设置和衔接的要求。在收集各方征询意见的基础上，对规划设计方案进行优化，使之符合这些专业要求。规划方案的征询由建设单位或项目管理单位的配套人员携带准备好的各项资料和申请征询意见的申请，到项目各专业建审机构办理申报手续。如上海浦东新区的建设项目规划方案审查采用联审制，即由规划牵头，将待审规划方案分发给相关行政审核的各政府部门，在规定的工作日内，各部门将各专业审核意见汇集到规划局，由规划局汇总整理形成统一的规划方案审批文件，返还给项目申报的建设单位，即规划方案审批结束。其他各区的规划方案审查，根据各区要求执行。目前，如上海市除浦东新区外，市和其他各区县一般还采用传统的审批程序执行。注意，根据项目投资来源的情况，申报项目有审批制、备案制等类型划分，申报时应注意各类项目的申报要求，避免申报资料准备产生误差。

一般项目规划设计方案的报审工作参照以下要求进行。

1. 规划设计方案的征询。

1.1 项目的规划设计方案完成设计后，需先将规划方案设计文本报送政府相关专业机构建审部门，进行专业审查，并由他们根据项目建设专业规范要求，签发相关专业对规划方案的审查意见，或提出项目初步设计的具体要求。这些部门主要是节能、交警、市政、市容绿化、消防、卫生、人防等，以便设计单位在以后的初步设计等设计工作中对这些专业要求注意遵守和贯彻。

1.1.1 报卫生局的审查需准备以下资料。

1.1.1.1 致卫生局申请建审的专项报告（见附件一参考样稿）。

1.1.1.2 项目建议书批复（原件不够可提供复印件）。

1.1.1.3 画示建设项目选址批复标注用地范围和拟建项目位置的地形图。

1.1.1.4 项目规划设计方案的建筑平、立、剖面图的蓝图。

上述资料根据卫生局告知要求提供，由卫生局建审人员审查，明确环境与项目之间相互影响关系，以及在项目后期设计和建设过程中应该注意的环境和人员保护措施、要求。卫生局审查周期约二周，批复后的审查意见文件，应由建设单位和项目管理复制保存，同时发给项目设计单位，作为项目初步设计的依据。

1.1.2 报市容绿化部门需准备以下资料。

1.1.2.1 致市容绿化部门申请规划方案建审的专项报告（可参照向卫生局的申报方案审查的格式）。

1.1.2.2 规划方案文本（允许按 1.1.2.3 要求办理的，可免报文本）。

1.1.2.3 绿化总平面蓝图及绿化面积统计表（标明项目总体内绿化布置的位置、各块绿化的面积和总绿化面积）。

经市容绿化部门规划方案建审后，批文将明确的项目绿化要求和绿化面积指标。建设单位和项目管理归档保管，并将批文复制发给设计单位，要求在继后项目初步设计的总体设计中严格遵照执行；

1.1.3 报交警总队需准备以下资料。

1.1.3.1 致交警总队申请规划方案建审的专项报告（可参照向卫部门的申报方案审查的格式）。

1.1.3.2 规划方案文本。

交警总队审查后会提出项目交通流向组织的设计标准及交通设施的书面设计要求，如后续设计阶段有交警复审要求的，会在回复意见中明确。交警总队的方案审查意见应转发给设计单位，在初步设计中予以贯彻，注意相关资料的归档保存；在实行市、区两级管理要求时，应先将申请和文本报区交警支队审查，获取区交警支队审查意见后，再连同区支队的审查意见一并报市交警审批。注意将审批后的交警意见书面发给设计单位在后期设计中予以考虑，同时做好资料归档工作。

1.1.4 报消防部门需准备以下资料。

1.1.4.1 致消防部门申请规划方案建审的专项报告(可参照向卫生部门的申报方案审查的格式)。

1.1.4.2 规划方案设计文本。

消防部门审查后会给予书面审查意见,明确规划方案中需要整改的要求,一般消防的最终项目建审委托审图单位在施工图审查时同步进行。有重大消防防范要求的项目并在后续设计阶段有复审要求的,回复意见中会明确。

1.1.4.3 注意相关审批文件归档收存,并发给设计单位作为初步设计的一项要求予以贯彻。

1.1.5 报防雷办方案审查。向防雷办提出建审申请和提交方案文本,防雷办审查后书面支出项目防雷设计可能存在的问题,并明确工程的防雷击措施的设计要求,有重大防雷要求的项目,有后续设计文件的审查要求的,会明确复审要求;同时也要注意文件的收存和分发。

1.1.6 报抗震办方案审查基本参照报防雷办的要求。

1.1.7 报人防办方案审查。在向人防办提出审查申请和提交方案文本后,主要检查项目有否人防设施,明确人防的建设和方案整改要求;对不设人防设施的项目,则明确缴纳人防建设费的事项,有后续设计阶段审查要求的,会在回复意见中明确。同时也应注意文件的收存和分发。同时应注意:有人防设施的工程,应委托有专业人防设计资质的单位负责人防设计,招标要求应同设计招标;作为项目整体设计工作的一个分项，要做好人防设计单位与项目主设计单位的协调，如果人防办同意，人防设计可委托主设计单位同步工作，但其人防设计的文件必须通过人防办的审查确认。人防设计的资料应单列在总设计资料中，相关过程和审批文件均按设计资料归档要求执行，审批后的文件应同步发给人防设计单位和总设计单位，以便保证后期设计工作的需要及两者设计工作的协调性。

1.1.8 报市政部门方案建审的工作。除提交申请报告和方案文本（或方案总平面蓝图）外，主要解决项目通往城市道路道口红线外部分的施工界面，涉及道路地下管线保护和施工要求，同时明确承担施工责任的单位和所涉及道口施工工程的费用问题；注意相关资料的收存和分发。

1.2 方案征询前，应向各专业建审机构了解申报专业方案审批的要求，或索取办理相关申报的要求告知单，根据这些审查机关的审查要求，准备相应的报审资料。要避免交代、记忆不清或资料遗失的失误，避免反复补交资料的劳顿之苦。如果有发生，则将影响相关工作计划的推进，降低工作效率。

1.3 各专业机构对项目规划方案审查意见，一方面应作为项目资料进行妥善保管，另一方面，应视作申报规划审批的专业审查意见一并报给方案规划审批机构，以示项目规划方案已经获各专业审查确认，为加快方案规划审批提供依据充分的有利条件。

1.4 初步设计完成后的专业审查基本相同，不同的是规划申报表格中工作阶段的名称不同，表格内容要求的深度、具体数据应设计的深化可能略有调整。所在填报不同工作阶段的表格时，应注意认真核对相关要求和对应的数据，避免发生误差。

1.5 在申报过程中，应注意资料交接的手续清晰，注意协调窗口接待人员及经办人员的关系，尽量调动具体办事人员的积极性，以便加快办事效率。

1.6 方案专业征询的工作应在向规划办理方案审批前完成。由于工作周期紧，可能会发生专业征询跟不上方案规划审批申报时间的要求。此时，最好通过与规划接受窗口及经办人员的协调，取得他们的谅解，先行受理，进行审查，争取在规划审批文件下达前将各专业审批通过的文件办理完成，补交到方案规划审批经办人员处，避免给他们依法执行相关工作产生为难之处，这样也有利于办事进度的加快和效率的提高。做好这项工作的前提一定需要申报办事人员与受理窗口和审批经办人员协调好个人工作关系，取得他们的信任度，千万不可强求。

1.7 本阶段征询工作在具体执行时尚应事前与相关审查机构联系，以便确认正式申报要求符合规定与否，保证将精力用在必要优先申报的工作上，避免无效操作。

2.规划设计方案的公示

规划方案公示工作是规划方案设计审批前必须条件，是在项目建设地区向社会征询意见的一种形式。因为规划方案审批是政府的行政许可行为，为避免项目建设影响项目建设地附近居民和单位的生活、工作或经营，政府必须办理公示手续，避免产生民间矛盾激化影响社会稳定。公示的程序、方法如下。

2.1 选择项目建设方案公示的地点、位置。此时建设方应会同规划、辖区地方政府或派出机构、辖区民警做好协调和防范的预案准备工作，保证公示期间一旦发生意外的民间纠纷能及时有效处置。

2.2 由设计单位协助将申报的项目规划方案按照规划部门要求，制作成规定尺寸标准的白图，并附规划管理要求的公告文件，报规划管理机构审查，认可后盖上规划管理机构的印章。

2.3 将盖章的白图制成展示板并进行覆膜防水处理后，固定在预先确定的公示点墙面上。

2.4 在公示展示板旁应同时挂上一个带锁的意见收集箱，每天收集书面意见并及时予以处置，必要时应协调社区组织在公示点附近设置有人值守的接待点，方便听取涉及地区居民直接反映的意见，同时做好笔录，并请提意见人签字确认。

2.5 从公示板和意见箱固定时起，在规定公示的期限内，需每日拍摄一张带有日期的照片，直至公示板和意见箱拆除时为止，以示公示期间公示板和意见箱的存在。

2.6 将收集意见箱内的意见整理、登记、汇总，并根据规定及时对符合政府相关规定的意见作出答复。对于无规范要求的意见也应妥善处理，同时协调有关方面向提意见人做出合理的解答，解答情况也应做好笔录，最后一并汇总向规划局报告。

2.7 上述工作完成后，将公示图、公示期间的全部照片以及整理的意见和处理结果都制成电子文档（文字资料应扫描或复制成 PDF 格式防止随意修改），报规划部门审查备案。作为规划部门审批项目设计方案的依据。

2.8 对于难以解答的问题，应协调规划和社区工作人员研究措施，妥善处理，防止影响社会稳定和引发社会矛盾激化的情况。

2.9 方案公示通过后，方案规划审批完成了规定的征询民间意见并已就相关问题妥善处理的法律程序，项目建设规划方案即获得进行规划技术审查的社会条件而继续循序推进。

部分规划审批机构（如浦东新区）采取联审制或网上公示的方法，建设单位和项目管理则需按照规划的分发数量要求将资料报送至规划窗口。在接到规划通知后，再到通知指定地点领取方案审批意见。

3. 本阶段主要资料工作

3.1 征询各政府专业审查机构对本阶段设计文件（方案设计、初步设计或施工图设计）申报的书面审查意见。

3.2 编制的征询申报审查申请。

3.3 检查各项征询资料准备齐全的情况和复制、整理备报。

3.4 收集公示的意见、笔录及解答记录，汇总制成电子扫描或PDF格式文件备存、备报。

3.5 将各专业机构征询意见原件保存，复制件应安排以下用途。

3.5.1 发送设计单位，保证后期初步设计按照要求贯彻。

3.5.2 方案在可研报告审批前进行预审或审核的，应将方案的电子文件发送可行性研究报告编制单位作为汇编资料之一。

3.5.3 专业征询的批复意见存档作为程序执行资料，同时也应作为证明项目技术管理执行情况的资料保存。

3.6 本阶段全部工作完成后进行资料汇编，并按程序或时间顺序编制目录放在案卷首页，必要时也可附本阶段工作执行情况的说明，一并装订后有序存放、备查。

附录一 项目初步设计的征询

项目初步设计和施工图设计完成后，也需要进行相关设计文件的专业征询和审查。相关的程序和方法与规划方案征询审查相同，只是需要征询的机构有所不同

由于部分专业的审查是可以在三个设计阶段过程中一次性进行并完成的，即方案阶段不审查而在初步设计阶段审查，或方案阶段审查完成，初步设计阶段则不需重复审查。这项工作可能会因为项目规模或审批管辖区域相关机构要求不同，而产生具体执行要求不尽一致的情况。为此，规划设计方案在征询各相关机构审批时，应及时做好审批机关工作要求的了解，做好记录或备忘，以便按要求操作，避免重复劳动或操作缺失，影响工作效率的提高。

初步设计阶段以及施工图阶段完成相关专业机构对建设项目的征询，可以为项目施工图设计的完善，提供更为仔细、具体、明确的执行要求和条件，并体现各专业建审机构对项目建设前各设计阶段文件审查要求的执行程度。

为了做好相关设计阶段完成后的征询工作，建设单位应了解项建书批复后和可研报告编制申报前、完成初步设计和进行初步设计及概算审批前，完成施工图设计和申报项目规划许可证前、以及竣工前的项目建设各阶段，按照项目建设规模的管辖层次的职责划分，各需要向哪些机构申报，这些机构在审查时需要准备哪些资料文件。根据各

审查机构窗口提供的告知书要求，准备相关征询资料。除了选址和方案完成后的征询工作在选址后征询工作章节和方案征询和公示章节中阐述外。初步设计征询和施工图征询的一般做法与前两项基本一致，需办理申报手续的各政府管理机构目录参考如下。

1.初步设计文件需报审的机构

1.1 防雷办建审。检查初步设计对工程建筑的防雷击规范执行的情况，以及工程安全接地设计落实的情况。

1.2 抗震办建审。检查工程建筑初步设计中的抗震设计符合抗震规范的情况。

1.3 卫生部门建审。检查卫生防疫的各项要求在工程初步设计中的落实情况。

1.4 市容绿化部门建审。检查项目初步设计中绿化指标执行情况，以及项目绿化布置的设计符合绿化规范要求的情况。

1.5 交警总队建审。检查项目初步设计中交通组织、道路设施和标识设置、以及车辆和行人通行安全的要求落实情况。

1.6 人防办建审。检查初步设计中人防工程设计符合规范的情况。对于允许不建人防的工程，核定项目人防建设费缴纳的指标，以及办理缴纳人防建设费的手续。

初步设计文件报审后的审查机构由建交委指定，并由其签发相关协审的通知。建设单位应将协审通知和初步设计文件送至指定的审查机构，办理签收手续；在规定的工作完成后按照接到通知，及时领取初步设计和概算的审批文件。

建交委也可能采取联审或会审的形式，联审或会审时应做好会议纪要，记录各参会机构的审查意见，会后按通知要求到相关机构办理和领取该机构对项目初步设计的专业审查意见。

按照目前操作方法，建交委审查初步设计文件会交代专业审查机构进行（如建瓴建筑工程咨询有限公司）。接到通知后，建设单位应与初步设计审查机构签订初步设计评审委托合同（或技术咨询协议书），支付相关技术咨询费用，由其组织相关专家对项目的初步设计文件和概算进行评审。此时，建设单位应安排项目的管理人员，财务监理人员，以及设计单位的建筑、结构、安装和预算人员参加，听取专家对初步设计文件的评审意见，解答专家提出的疑问，或者向专家申述设计和概算必须坚持的理由，为落实项目建设必要的功能设计要求和资金投入创造合理、必要的条件。

初步设计评审后，相关评审成果会报送建交委审查，建交委在与发改委会商后，再正式下达项目初步设计审批文件，包括对初步设计文件和概算审查及调整的意见。此时项目立项工作为正式落实，发改委会将建交委对项目初步设计评审的意见转达给财政部门；财政部门即可按照计划筹措项目建设确定概算的资金，按照相关的规定下达给建设单位；建设单位即可对建设项目正式进行施工前准备的实质性启动。

2. 施工图设计文件需报审的机构

2.1 卫生部门建审。审查方案设计、初步设计评审提出的卫生要求、意见是否在工程的施工图设计中得到落实。

2.2 交警总队建审。检查前设计阶段提出项目交通组织、设施、车辆和行人通行的安全的要求，是否在施工图中按规范要求落实。

2.3 市容绿化部门建审。根据前设计阶段对绿化审查要求，是否在项目施工图设计中得到落实，并符合规范要求。

2.4 人防办审查。项目人防工程是否符合人防规范要求，对于允许不建人防的工程，确定按照60元/m²人防建设费标准计算的项目费支付总金额。

在项目设计的各个环节均需要向各专业审查机构申报，通过步步深入的审查，使项目的建设规模、建设标准和投资计划切实得到控制。但是在具体执行过程中，各机构在各个阶段的审批会有不同的要求，由于各阶段工作要求的范围和深度不一样，故对每一阶段的设计文件都要进行各项专业设计要求落实情况的核对；但不管要求形式如何，其专业控制要求的基本原则标准是客观存在的，而且最终都要经过竣工验收前的各项专业检测，证实相关专业要求落实的效果。因此对每个阶段设计工作的检查都不能轻易放松，更不能自以为是，要有充分的依据，工作必须踏踏实实。

附录二 ：关于××项目规划方案（初步设计、施工图）审查的申请

××卫生局：

经发改委《关于×××××建设项目建议书的批复》（文号×××××），【或《关于×××××建设项目可行性研究报告的批复》（文号×××××）】，拟建位置于××××××××，项目建设初步投资计划××××万元，建筑面积××××m^2，项目用地面积××××m^2，主要功能为×××××××××。现已完成项目规划方案设计（初步设计、施工图设计），现报贵局审查，请示明确项目建设的卫生防疫要求，并请予批复。

建设单位：××××××（章）

××××年××月××日

附：

1.项目建议书批复。

2.规划方案的设计文本。

3.项目的建筑平面、立面、剖面蓝图。

附录三 交警（绿化、人防）申请审查报告参考稿

市交警总队（区交警支队）

我单位建设项目根据发改委《关于×××××××项目建议书的批复》【批文号】同意进入项目前期工作程序，现将项目建议书批文，选址意见书批复和规划设计初步方案、（或项目经发改委《关于×××××××可行性研究报告的批复》【批文号】同意项目立项，现将批文、初步设计文件）呈报贵总队，请予审查、审批。

建设单位××××××××

（公章）

××××年××月××日

附：1.项目建议书（复印件，加盖建设单位公章）。

2.规土局批复的选址意见书（复印件）。

3.地形图。

4.初步设计方案。

上述文稿可根据实际情况调整，但应注意所附资料的内容与正文申报的内容保持一致。

向区或向市申报应根据项目管辖范围确定，交警市管项目应先向区交警支队申报，凭区交警意见再向市交警总队建审处申报。

卫生等部门另有专用申请表式要求时，可通过网上或办事窗口取。

第十二讲　项目规划设计方案的申报和审批

内容要点：项目规划设计方案是向政府规划部门申报的一项重要的规划技术审核工作，主要是检查项目设计方案（规划方案）符合规划和各专业审查机构对建设项目各专业技术要求、条件的情况，和在设计中执行和受控情况，保证项目建设在工程项目的技术层面上符合现行社会经济建设发展的方向和要求。

项目规划设计方案的规划申报是建设项目审批过程中按程序要求第二次与规划部门的工作接触。规划设计方案申报工作主要有以下事项：

1. 规划设计方案文本的内容审查

在申报前应对规划设计方案文本进行内部审查，主要的内部审查内容有以下几项。

1.1 规划设计方案中用地范围（即项目用地和工程定位坐标点的标注）是否符合土地权属调查和用地预审的要求。

1.2 设计方案中建筑物的退界和建筑高度，以及与相关邻里建筑之间的间隔距离是否符合规范和规划部门提出的要求。

1.3 设计方案向各专业审查机构征询的回复意见是否在方案中得到兑现。

1.4 实现上述目标的方案所需的经济指标匡算是否在计划（或项建书批复中有经济指标可对照时）可控的范围之内。

1.5 如对于可能突破控制指标的情况，是否在经请示在方案匡算中说明了原因，或经过协调被认可提出调整指标要求的理由。

2. 规划设计方案中报审批的相关程序规定

规划方案申报审批要按照目前政府的相关程序规定，一般应在项目可行性研究报告批复以后办理。为了考虑紧缩前期工作周期，加快项目可行性研究报告批准后的规划方案审批速度，可在与项目辖区规划管理部门协调的基础上和申报项目可研报告前，先办理规划方案的预审工作。所以，在项目管理程序的具体工作环节上，并在进行项目可行性研究报告申报前，为了使项目程序工作得到有机衔接并有利于规划方案的批准，可先进行项目设计方案规划的预先初步审查准备工作（即预审工作）。

目前情况下，有些地区或可先行办理项目规划方案审批，这就无需先办理预审而直接先办理方案规划审批，程序执行就简化了。

3. 办理设计方案的规划申报审批

在完成上述方案规划申报条件准备后，先要进行项目规划方案申报的准备工作，这些准备工作主要有以下内容。

3.1 同选址申报一样，在网上下载并打印关于申报项目规划方案审批的申请表格。

3.2 按照表格填写的要求逐项填写。表格内容逐项检查无误后，按照草表填报确认的内容进行网上申报。如填写申报符合要求，网上会转变成正式申报表格，此时表格的右上角会多出一行条形码，并显示网上申报成功。

3.3 下载申报成功的申请表（切记：此时表右上角必须有一组条形码），并在此表格盖上申报单位的印章。

3.4 检查项目方案申报必须准备的附件资料

3.4.1 地形图（按照规定划示拟建工程在地形图中的位置及项目

用地范围。鉴于此项工作有一定技术基础的要求，当建设单位技术力量缺乏时，应考虑在设计合同中明确设计单位承担，并届时交由设计单位协助履行）。

3.4.2 项目建议书批复复印件。

3.4.3 选址意见书批复的复印件（或项目方案规划设计条件批复，当建设方已经拥有建设项目的土地时，应提供土地使用权证书复印件，并带原件供规划部门校核）。

3.4.4 环保和卫生审批的意见。

3.4.5 办理窗口要求的其他各项必须征询意见的回复。

3.4.6 编制一份上述申报资料的清单，将上述资料按清单顺序整理备报。

3.5 将网上申报的表格文件连同方案设计电子文件，划示工程设计位置的电子地形图、各专业征询的回复意见等作为申报表的附件，刻制成申报规划方案的电子文件（光盘）。最好编制一份规划设计方案申报资料汇总目录一并刻在光盘中，以便审查人员对资料齐全的情况有一个基本的了解。

3.6 带上上述准备的各项资料，包括方案的规划设计文本、地形图、光盘、征询意见回复等和报送资料清单，一并报送规划局窗口，经检查报送资料符合要求受理后，取回窗口收到报送资料的回执。注意回执的登记、保管。此时若知晓规划局的方案具体经管人员，则可联系告知，以便经管人员及时给予处理。

3.7 按照方案审查的工作周期或通知，及时取回项目设计方案的批复文件。若有特殊需要，在条件许可的情况下，应及时协调方案审批经办人员，在可行的范围内，加快项目方案的审批周期。

3.8 若申报资料经审查不符合要求或者需要补充资料时，项目经办人员应在及时沟通信息的情况下，尽快纠正或补充相关申报资料。所有申办程序的工作周期均从提交合格申报资料之日起计算，所以按程序的申报工作不应有任何马虎、疏忽，要认真准备每一项文件资料，力争申报一次成功。

4. 方案公示

4.1 方案公示是方案审批工作的必要条件，其不同于选址公示，可以在网上进行。方案需要实地公示的，则应进行相关工作参照第十讲第 2 点有关规划方案公示的要求进行。

4.2 公示结束后对于公示阶段较难处理的问题应会同规划和社区各方专题研究解决的方法，妥善处理，避免产生影响社会稳定的负面后果。当规划局认为相关意见处理符合规划工作原则后，即可给予规划方案的批复，项目就可以进入下一阶段的项目建设程序工作。

5. 本阶段工作中需要特别引起注意的事项

5.1 经过前面的工作，如无异议，方案获批后，应将领取的批准文件和项目规划方案设计文本重点复制、保管。同时，将该复印批件发给设计单位签收，以便设计单位进行项目初步设计的相关工作。

5.2 目前部分地区一些项目的将项目设计方案审批，可能放在项目可行性研究报告审批前办理，已经改变先批项目可行性研究报后批项目设计方案的程序。前面已将上述情况的处理进行讲述，经办人员应了解这一情况，以便发生任何情况时，要理解程序规定的原理，以便应付自如。

5.3 按照程序要求规划方案审批在可行性研究报告审批后进行程序要求。客观上，项目的可行性研究报告中也需要有项目方案设计的内容。为此，在选址批准后进行的规划方案设计招标中，已经可以获得初步的规划设计方案，通过招标可以将规划方案设计与后期的初步设计、施工图设计结合起来，一次性完成设计委托，可以简化项目程序执行的周期。重大的、必要的项目设计工作可将规划方案设计与初步设计（包括细分的技术设计）分两个单位执行，但必须进行两次招标，这在项目的招标计划申报时应向招标办说明清楚。

5.4 为保证方案设计的质量，避免规划方案设计申报可能产生的多次反复整改，特别是规划方案审批在可研报告批准后进行的，方案预审的安排也是有必要的。这样，一、可保证可行性报告编制对方案设计的需要；二、可保证可研报告所附方案准确性，以及正式申报规划方案的质量；三、还减少了在立项工作阶段，各环节对方案设计的反复要求麻烦；四、有利于规划方案的审批时能顺利通过。总之，这可提高程序推进的工作效率和获批的把握程度，一举多得。

5.5 如果在可行性报告审批前进行规划方案审批，则方案预审的环节就可以省略。且规划方案设计工作完全可以在进行排水方案委托编制、审查、环境评估报告书编制、评审期间同步平行进行，从程序的系统协调方面符合统筹安排的原则，也可达到提高工作效率，缩短了程序工作周期的效果。但这样操作必须获得规划审批部门的同意。

6. 本阶段工作的注意事项

6.1 地形图上，拟建建筑工程位置应标有规划道路红线、河道蓝线，以及其他公共设施要求控制的范围、要求，总图上的拟建建筑应标清四周的长度，以及各角点距控制线的距离。不管谁标注，技术主管均应对照项目建议书批复、规划选址意见书的通知以及土地权属报告土地范围坐标点进行核对，无误后方可办理申报手续，避免错误造成不必要的返工，影响前期工作的周期和工作任务的完成。

6.2 在向规划局申报方案的地形图及方案的总平面图上应注意相关尺寸的标注要求。

6.2.1 要根据规范的规定，将有关必须遵循退让控制线的要求在地形图上予以标注。当实际退让控制标准的尺寸大于规划要求时，此段尺寸宁可将标写尺寸略小一点，以便实际竣工时的尺寸大于原标注尺寸，符合控制误差的要求，保证使规划验收顺利通过，否则误差扩大，实际验收尺寸大于规划要求的尺寸，则将难以通过规划竣工验收。当然这种标注误差的范围控制也要注意相对的合理性。

6.2.2 在划示项目总平面外形轮廓尺寸时，应标注建筑物退让控制线距离的最小尺寸，至少应略大于规划要求退让的距离，为保证实施后产生难以避免的误差留有适当的余地。

6.2.3 拟建建筑物任意一边总长度若有多个建筑拐点，则应选择一个距控制线最近的点进行退界尺寸的标注，说明其他拐点距离控制线的距离均大于要求退让的标准；要避免“画蛇添足”，增加实地复核的复杂性，提高核对工作难度。多点标定貌似认真、精确，但在实际应用的测量上，可能发生的误差概率发生率也高，要逐一纠正难度极大，故应避免。

6.2.4 注意不要遗漏标注建筑的不同层高的层数和完成屋面的结构标高，但要考虑完成屋面的建筑标高应不大于规划在选址意见书中给定的建筑高度。其中包括实体女儿墙和斜屋面坡度大于45度的屋脊高度，也包括结构层上的其他建筑材料，如找坡层、防水层、保温层、饰面材料层等工程构造形成的建筑高度都应如实标注。当女儿墙不能避免而高于规划建筑高度时，可考虑将超高部分的女儿墙改成透空体或金属栏杆式样，或用有安全牢度的装饰性避雷带（如装饰不锈钢管）达到安全高度的需求。一般情况下架空的栏杆不产生日照对其他建筑的影响，可不计算建筑高度。但采用金属架空栏杆代替避雷带和回避建筑高度控制时，应注意金属栏杆符合安装牢度的安全要求和抗雷击的电阻计算要求，同时注意金属栏杆安全接地措施的落实。

6.2.5 建筑立面四周的长度尺寸应考虑包括墙体保温和粉刷层的厚度，因为规定建筑长度的验收误差不得大于50mm。由于这个规定执行较早，目前有增加建筑外保温的情况，但允许误差值并未变更，完成外墙保温施工的建筑物总长度会超过规划控制误差的要求。故这将难以通过规划的竣工验收，务必加以注意。

6.2.6 如果难以确定具体标注的正确与否，设计人员应及时与规划主管工作人员取得联系，向他们咨询，请他们帮助检查、指导，避免正式申报后发生错误而返工，并出现有耽误工作进程的情况发生。

7. 本阶段主要的资料工作

7.1 注意保存申报项目规划方案时的全部原始资料。在备报和审批的过程中，规划部门经办人员如发现有土地的规划划分和土地使用性质上的矛盾时，便于相互对照、复核，寻找矛盾存在的原因，以便及时纠正。一旦规划方案许可批复，该部分资料只在项目实施过程中暂时保管，待项目竣工资料完成归档，设计合同完成结算，明确不涉及双方有关设计技术交涉的往来文件，该部分资料即可处理不保存）；

7.2 收集公示的所有资料并扫描刻盘，除保管外，报规划局作为规划方批复的依据资料，使用扫描或PDF格式是防止被随意修改。

7.3 规划局同意申报规划方案的批文，注意保管，并复制发给设计单位按此要求进行下一步设计工作，发给设计单位时应注意办理签收手续。

7.4 注意的申报规划设计方案时购置的地形图可能与在原选址意见书时购置的地形图不一样。具体的区别请参见第四讲《项目的规划选址申报》中第3点的讲述。

7.5 在选址时购置的地形图，其拟建的位置上可能有地形地貌的物体表述，经过选址申请批准后，在申报规划方案时购置的地形图上，此位置上的地形地貌原有的描述可能都已被清理了，只剩一片空白供画拟建项目的工程轮廓，所以每次购置地形图要注意适量，避免浪费。

7.6 注意各项资料和文件的及时收集、整理、归档，并将批复意见及时分发给设计单位和相关需用的参建单位作为后续在的依据，并备后续程序申报时使用。

第十三讲　项目的地质勘察

内容要点：对拟建基地根据设计要求进行地质勘察，获取建设基地相关的地质资料，为工程的结构按规范设计，保证建筑工程的施工和使用的安全性、可靠性提供基础结构设计最主要的定量依据；同时也为核对、印证拟建基地地质灾害评估提供相关资料；现在还成为申领建设项目土地使用证、报监、备案验收等必备的附件资料。

1.项目地质勘察工作的意义

1.1 项目进行地质勘察，是为工程结构设计的计算和结构安全性验证必须做好的一项设计准备工作，是建设项目建成后，建筑自身结构可供安全使用的保证。将建筑全部载荷对地基压缩后形成的沉降幅度控制在规范允许的范围内，并保证建筑整体沉降的均衡性和保证工程基础稳固和稳定的基本条件，是工程结构设计的最重要和最基本的量化依据。目前，在没有相关规定允许前，不能随意借用附近其他地域的地质勘察资料，擅自作为拟建建设工程地基特性的资料。

1.2 地质勘察资料也是进行项目可行性研究报告审批后，以及进行项目初步设计前，必须向设计单位提供的基础设计资料之一；也是项目初步设计审批中，确定项目概算指标中基础、地基基础和结构工程费用和措施费用经济指标的重要依据之一。

所以说项目地质勘查工作尽管过程相对简单，但也决不可轻视。

2.项目地质勘查单位的选用

按照规定，项目地质勘察单位的选用，必须进行公开招标。在完成项目可行性研究报告审批后，通过公开招标，选择有资质的项目地质勘察单位，并办理中标单位的勘察工作委托。在进行现场情况交底和签订勘察委托合同后，即可由中标的勘察单位组织项目实地的工程地质勘察工作。在收到勘察单位编制完成的项目地址勘察报告后，及时提供给设计单位，成为工程结构设计的依据。为了加快和控制初步设计工作进度，项目可行性研究报告批复后，即可组织、落实地质勘查工作，并提供地质勘查工作必要的工作条件。

3.地质勘查工作的分类

地质勘察分初步勘察初堪和详细详勘。当项目规模较大，勘察工作一时难以满足全程计划设计进度要求时，可先进行初步勘察，提供初勘报告，先满足初步设计的基本要求。在进行初步设计同时，可补充继续完成项目地质的详细勘察工作，并及时提供详勘报告。可既满足全部初步设计或施工图设计工作对地质勘察详细报告的要求。而规模相对较小的建设项目，因为工作周期短，一般可直接进行详勘工作，以满足扩大的初步设计（包括技术设计在内）和施工图设计的需要，不需再分初勘和详勘两个阶段的勘察。

4. 地质勘查前应做的准备工作

4.1 通知建筑设计单位根据可行性研究报告批复的建设规模，及规划方案和选址批准的定位要求，提出拟建项目的地质勘察书面要求，并向设计单位明确：对所提出勘察要求的准确性承担设计责任。

4.2 按照工程前期进度的要求和进度工作计划安排，通知参与拟建项目的招标单位提前编制项目地质勘查的招标文件，将建筑设计院提出的地质勘查要求编入招标文件的技术要求中。招标文件编制完成后，建设方和项目管理应安排相关人员进行检查招标书的编制情况，保证建设方和设计单位的要求能准确、合理地体现在招标文件中。

4.3 由项目的招标代理按照招标办的要求，全程办理项目地质勘查招标的工作，直至最终完成评标、中标单位的确定、办理中标通知书等项工作。并将招标过程的文件汇总整理后移交给建设方。

4.4 根据招标文件中提出的建设方委托中标方进行地质勘查合同文件，在进行仔细地合同内容协调后，签署项目地质勘察合同。注意:进行合同相关问题的协调是以原招标文件中的合同要求为基础进行深化、细化，但合同的原则、合作宗旨不应有原则性的改变。保证向招标办备案提交的正式合同与招标文件中所附的合同文件样本没有重大原则的变动。

4.5 由中标单位向建设方借用项目 IC 卡，向建管办办理地质勘察登记备案手续。注意 IC 卡的交接记录，保证 IC 卡的及时回收。

4.6 向中标的地质勘查单位交代拟建工程现场和地下管线埋设的情况及勘察要求(必要时应请项目设计单位的结构主管设计师参加地质勘察要求的交底)，并移交项目选址意见书批复和土地权属调查报告（复制件)，由勘察单位根据招标建设方提供勘察条件的资料，编制勘察工作方案，确定项目地质勘察定点的位置及勘察方法及设备措施，并进行地质勘查的准备工作。

4.7 一旦勘察方案被设计确认，地质勘察应及时组织完成现场的地质勘查作业和实验室测试工作，并及时完成地质勘察正式报告文件的编制，报建设单位和项目管理的主管技术人员审查、确认。建设单位如果缺少这方面的能力，可委托设计单位协助进行检查。重大的地质工程技术问题可聘请专家进行专题评审。

4.8 同时建设方也应根据现场条件，合理协调和解决勘察工作人员需要的基本生活条件，以及现场需要的动力源、照明和用水等工作条件的问题。如果现场确无法解决电源等动力源的问题，建设单位应事前在招标书中明确，要求勘察单位自带动力设备，并将需增加设备的费用一并申报，明确在投标书的商务标内，中标后予以执行。

4.9 按照招标文件和合同规定，建设单位应按规定程序向勘察单位支付首笔合同应付款（预付款），并在提交合格的详勘报告后，结清全部地质勘查委托合同费用。

4.10 勘察合同还应明确：根据建设方项目建设的要求，必须参加工程与地质勘察相关的专业会议和各项结构及竣工验收，签署应由地质勘察单位完成的相关技术报告，履行地质勘察单位应尽的职责。

上述工作落实后即可进入工程地质勘察的实地作业阶段。

5. 需要注意的事项

5.1 由于项目初步设计审批尚未进行，政府拨款尚不能到位，与设计及其他委托合同一样，这些合同的付款存在一定难度，一般可用以下方法处理。

5.1.1 向主管上级申请项目前期专项预备费用，及时办理应付款项的支付手续，待项目建设资金拨款到位后，将借用资金归还。

5.1.2 申请动用建设单位自有富余的备用资金，待初步设计审批通过，政府财政拨款到位后归还应付的费用。

5.1.3 在招标时，在招标文件中或询标和签订合同时，与投标单位或中标单位说明白项目的资金情况。经中标单位同意，合同款项可在财政拨款下达时，按照合同事项进程情况一次支付。一般这种情况，中标单位能够理解并操作。

5.2 项目的地质勘察具体实施时间，一定要放在项目可行性研究报告批准之后进行。因为地质勘察的费用指标必须等待可行性研究报告匡算指标中设计勘察费指标的下达，并经财务监理对设计勘察费指标分析、分解后的确定。因此地质勘察的招标工作、勘察合同的协调工作虽可在可行性报告申报后的审批阶段进行，但签约时间则应考虑建设程序执行规定，必须在可行性研究报告批准并备案后方可进行地质勘查工作的相关备案工作，否则勘察工作不能办理程序执行的备案手续。

5.3 除有资金的调剂预、垫付条件外，所有正式合同付款，包括勘察合同款项尽量放在初步设计批准后进行支付。

6. 本阶段主要资料和资料工作

6.1 地质勘察招、投标文件（包括勘察委托合同可由招标代理单位编制，建设方审查）及中标通知书。

6.2 设计单位出具的本项目地质勘察书面要求，建设方检查确认后，原件保存；复印件交予招标代理单位，编制在招标文件中。

6.3 地质勘察单位关于本项目的实施方案（包括人员组织、企业和个人的资质证明等）。

6.4 项目的地质详细勘察报告（包括完整的项目地质勘察电子文

件，在后期申报初步设计、施工图审图、规划许可、报监、竣工资料归档等环节都要使用)。

6.5 地质勘察过程中相关各方往来的各种书面文件(包括设计对勘察要求的变更，以及其征得建设方认可的书面文件)。

6.6 将上述文件收集保管，保证地质勘查工作的情况具备可追溯性。同时，根据各审批环节需要正式文件需要的数量，将原件备份或复印件分发给设计、审图、施工单位、土地使用证办理、报城建档案馆等和存档的需要。非一定要报送原件的单位，可考虑给予复印件或给予复制的地质资料光盘。文件资料的收发一定要做好签收工作。

第十四讲　项目工程用设备和材料的选用

内容要点：根据可研报告批复的要求和项目功能的要求，对项目建设中需要建设方明确的设备和材料进行比较和选型，确定相关设备及材料的定位，使项目初步设计所需资料的完备，并保证初步设计概算编制及评审具备确定的核定目标。可通过设备和材料的技术和商务调查论证的工作，尽早给予定位。同时，也为设备专业的招标创造了基础条件。通过尽早对这些设备、材料进行选定，有利于初步设计工作的完整性，减少需后补相关设计工作，并提高这些专业工作的效率是十分有利的。

从开始进行项目规划方案设计招标到完成规划方案审批的，期间，存在项目环保和卫生审批、市政设施条件的征询和可行性研究报告编制、审批等较长的时间段。在此阶段，可充分利来用进行需建设方确认的项目设备和材料的调研、定位，保证这些定位的设备和材料在项目初步设计时给予充分的设计安排，避免由于设备、材料的缺失，影响建筑、结构及相关安装专业设计的准确性、可靠性，而使初步设计的完备性受到耽误，更可避免工程施工阶段因设备、材料的不确定性，造成建筑、结构、投资指标以及工期需调整等重大不利因素的产生。

因此，适时利用这些程序工作中相关环节实施的时间间隙，进行相关设备、材料的调研，尽量满足完善初步设计工作条件的需要。对初步设计建筑中各项设备的合理布局、结构载荷的准确计算、各种线路最合理的布置，并对编制合理的工程概算，乃是提高前期工作质量，以至提高整个项目建设周期工作效率是十分关键的。而这项工作在一般的项目建设准备过程中，往往会被疏忽或轻视，致使实施过程中这些设备、材料需要使用时，才匆忙采取弥补措施，有时会往往产生轻易确定设备、材料，影响选定物应有的质量条件，以及相关实施周期的兑现，或控制投资工作的困难等问题。故在项目初步设计前，应尽量注意完成需建设方明确相关设备、材料的选定工作。

1. 调研主要设备、材料的工作内容：

1.1 工程设备确定。其包括水平和垂直运输设备（含电梯、自动扶梯、餐梯等），能源和节能设备（含输变电设备、太阳能等多种节能设备）、采暖通风设备、厨房设备、生活和生产的供水及水处理设备和水泵、常压或高压锅炉、弱电的综合系统设备、消防设备等，以及工程本身运行需要配备的其他各种设备。这些费用均应计算在工程建设费用之内，即包含在建安费的专项设备费用指标内。其中房间空调在项目费用不足的情况下，可能不作为计划批准的指标范围，则可单独申请项目开办费另行处理。在编制投资计划和控制目标时，应注意分类归属的管理。

1.2 工艺设备。其主要指生产类建设项目使用的设备，如制造设备、加工设备、流水线、运输设备、周转设备、存储设备、办公设备等（这些设备等费用不计在工程建设费用内，而列入生产准备金或开办费之内）。但提供得完整与否，将影响设计基础要素和投资计划的准确性。

1.3 其他影响工程建筑、结构和使用的设备，如燃气供应商要求设置的燃气减压站、液化气瓶库和燃气计量表具间，供电公司提供变压器、开关柜、电容柜、配电柜的变配电站设备，净水供应单位要求提供的水净化及输送设备系统等，也均应进行相关的协调和确认，保证项目初步设计依据资料的完整性。

1.4 所有这些设备主要需考虑其名称、数量、重量、位置、尺寸、高度以及用电负荷、水源、燃气、通信、特殊照明需要等情况。这些都必须进行详细调研和初步确定，并经统计整理形成清单文件后，作为递交给设计单位的一项设计依据，由其按照工艺要求，使用规律、节能和环保的控制等要求进行设计的优化配置，落实在初步设计的文件上。这样可减少初步设计和施工图设计中的不确定性，避免临施工时进行重大调整和修改。如果工作量太大，则应选择主要影响结构荷载的设备，影响供电、供水、供燃气等在工程建成后主要使用的能源、能源介质，以及通信、网络、有线电视等关键设备的能耗量和容量等应先予以调查清楚，给设计人员有一个比较把握的设计依据参考。

如果能利用这段时间将这方面的工作做好、做细，将能保证提高设计工作的完善程度，是对提高项目前期工作效率的重大贡献，同时也为工程顺利和连续施工创造更为有利的条件。

1.5 本阶段工作的具体要求。

1.5.1 按照项目的功能要求，列出项目主要需用的设备清单。

1.5.2 根据项目的投资指标进行所需设备的分类。

1.5.3 根据设备价值的大小和所需进程的轻重缓急，制订相关的工作计划，优先考虑解决价值高、自重大，对工程建筑、结构有特殊要求的，影响投资比重的设备。一般设备、设施的配置可按照设计规范标准的要求进行工程设计。

1.5.4 掌握所选用设备的重量、体积尺寸、用电负荷、用水和用燃气要求、远程或无线控制的数据传输和通信网络要求等。

1.5.5 注意选择运行可靠、使用寿命长、维护保养简便、投资成本相对合理的设备，即性价比高的设备；避免只考虑低价，而忽视安全、质量的简单分析。

1.5.6 进行选择同时应考虑这些设备的费用必须包括运输到现场卸货的条件满足，避免考虑不周临时增加设备运费、装卸费等额外支出，超出设备购置既定的预算计划。

1.5.7 除一般购货合同的条件外，必须明确这些设备验货条件，不符合质量和交货条件的违约责任，以及合同付款的保证条件，原则控制不符合质量和供货时间要求的不能支付货款，并具备对方违约的索赔条件和可靠处理的通道。

1.5.8 所有购置的设备必须具备生产商产品合格证明、使用说明书、产品保质期。关键的特殊设备还应具备准产证、准用证、专业验收合格证和检验检测合格报告，维修保养的地点、期限、联系人和联系方式等。特殊情况下，还应具备产品输向地域的许可手续。

1.5.9 当设备价值达到一定限度规定的，必须办理设备的招投标手续。投资监理应掌握这个界限并协助建设方做好相关控制工作。

2.考察

对于选定的设备、材料，建设方和项目管理应组织必要的供货厂商考察。考察的范围分以下两种情况。

2.1 生产条件、生产能力的考察。主要考察所选设备、材料供应商直接生产场地的生产工艺、生产能力，生产厂商产品生产过程的质量保证体系，以及其资质、能力。确保所选设备、材料的生产过程是能够保证产品质量的，同时也能保证项目安全使用的。有条件的应注意生产过程细节的了解，注意保证关键材料、零部件的生产过程质量达标条件的落实。涉及有重大安全生产要求的，企业还必须具备安全生产许可证。

2.2 对选定材料实际应用项目的使用情况考察。除了解生产现场的情况外，建设方还应了解供应商曾经就该项设备、材料在相关建设项目中使用过的情况，了解这些项目对拟选用设备、材料的使用年限、现时的状态，使用寿命与申报指标的符合情况、使用单位的对设备和材料质量情况的反映，以及运行和维护保养的情况，这可增加对拟定选用设备、材料质量和功能的直观印象和评价依据。

2.3 考察前应做好充分准备，事前要有考察提纲，明确看什么、标准是什么、实际产品与我们项目的要求是否符合，供货方的生产能力和供货能力是否符合项目实施的进度要求。

2.4 考察中要认真按照考察要求，逐项检查要求的符合情况，不要走马观花，更不要借考察之名行旅游之实，使考察徒有形式，失去考察的真正意义。

2.5 考察后应完成考察报告，报告考察工作实施的情况，说明考察的经过和内容，明确考察目标达到的程度等，以便给建设方领导的决策提供参考，以说明建设方对设备、材料选择的慎重态度。

3.封样

对于已经确定的设备、材料，为保证成品到货时与提供的样品一致。必要时可采用“封样”的措施，先将供应商提供的样品封存保管起来。在施工监理已经介入的情况下，可将“封样”工作交代施工监理操作。当施工监理尚未介入时，应由建设方或项目管理进行这项工作；待施工监理介入时向其移交此项工作的情况，并移交相关资料和做好的记录。

4.涉及政府采购材料设备项目的操作

4.1 限额以上设备材料必须纳入政府采购的渠道，按照一般的操作方法，可能纳入下年度采购计划一定程度上将影响初步设计设备条件的满足。因此，项目管理应事前做好合方面的协调，做好相应的说明，争取将政府采购设备、材料工作的提前纳入采购计划，明确这些政府采购设备、材料的工艺要求，尽量满足初步设计完善的条件。

4.2 一旦政府采购设备、材料的工作不能完全跟跟上初步设计进度的要求，项目管理应采取各种相应有效的措施，使这部分设备、材料取得较为近似的可参考资料，以便初步设计和概述计划能够接近实际需要的程度，达到工程设计和施工能够比较顺利地进行操作，并使项目概算的投资指标能够达到基本可控的范围内。

4.3 由于本项工作涉及的工作面、相关单位的层次、工作环境不尽相同，工作有一定的难度，项目管理应充分掌握实际工作中的各种可能发生的情况，有目的、有对策、有方法、有措施地针对实际情况去解决问题，保证项目初步设计工作能够最大限度地符合政府批准文件和实际情况的各项要求。

5.本阶段资料工作

5.1 收集设备、材料选定的相关会议纪要和批准文件。

5.2 收集设备、材料考察提纲和考察报告。

5.3 收集各相关专业参建单位或专家对所选设备的评价意见，及最后确定选用设备的结论意见及相关的设备明细表。

5.4 收集各项招标设备的招标过程资料汇总。

5.5 收集各项设备的产品介绍、技术参数、使用和维修保养说明，并应作为项目的设计和技术资料进行存储。在确定选用后，应将这些资料转发或复制转发给设计单位、招标代理单位、评审专家、施工监理单位和施工总承包单位，以便他们在相关工作中参考和执行。

5.6 收集各项设备产品的订货合同以及合同签订前后有关订货合同事项的往来文件、信函，注意供货质量证明、供货运输责任、运输费和安装费用支付的责任和保质期相关责任事项的明确。

5.7 收集各项安装设备产品的验收证明、检验检测合格证明以及关键设备的准用证明。

5.8 收集各项设备合同款项支付手续。

5.9 安装施工的资料纳入施工监理和施工承包单位的资料管理。

5.10 收集设备移交使用单位或部门书面交接手续。

附录 工程项目的设备工作流程参考

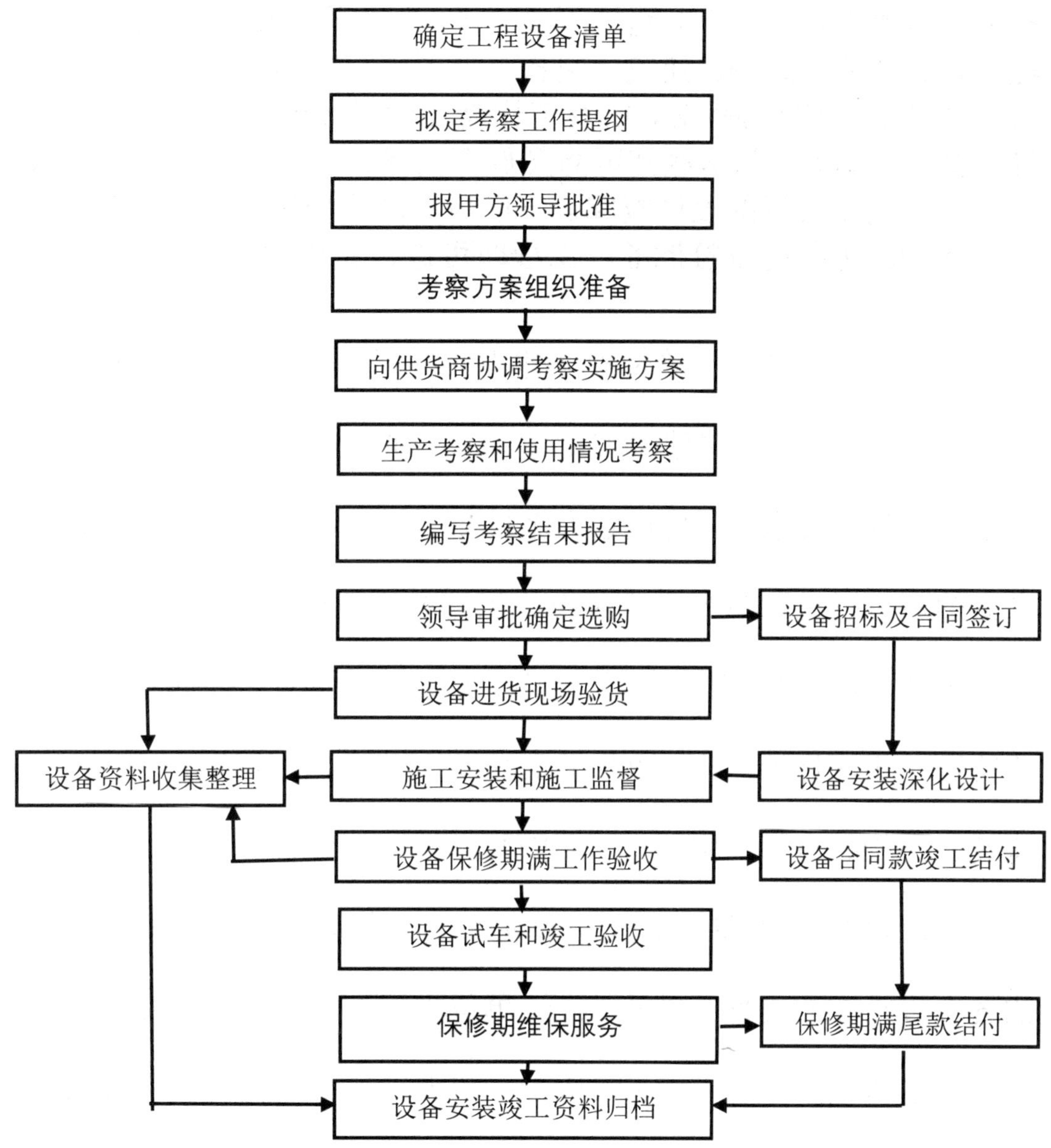

说明：上述为特殊设备材料的甲供流程。乙供的重大设备、材料也应参照上述流程执行，仅设备招标工作由乙方组织实施，甲方可指定设备、材料的要求，并和项目管理参加乙方相关招标过程做见证，确认乙方招标成果，乙供设备合同付款按照施工总承包合同相关规定执行。

第十五讲　项目的初步设计、评审和审批

内容要点：初步设计是项目可行性研究批复下达后，在完成规划方案批准的基础上，可进行工程的正式设计。初步设计的主要内容包括工程的设计说明、总图、建筑、结构、上下水、强弱电、采暖通风、动力设备装置、节能环保等，所有工程需要的设计专业工作都能在初步设计文件中体现，基本达到可照图施工的条件，同时也可以由此得到项目工程建设投资的设计概算。一旦初步设计和概算通过审批，项目投资计划就可获得政府批准，工程即可进行实质性的启动。

建设方委托的设计单位根据建设方的通知，便可正式实施项目的初步设计工作。即按照建设方对建设项目的功能要求、项目可行性研究报告批复的要求、项目规划方案批复、各专业审查机构对规划设计方案的审查意见和各个专业对设计工作的规范要求，进行具体的工程初步设计。由于该设计文件除了工程实施中需要细部处理的节点详图还待进一步深化外，基本涵盖了工程设计说明、设计依据、工程总图、建筑、结构、电气（强弱电），水施（含上水，排水，排水又划分为雨水和污水）、采暖通风、动力设备系统、节能、绿化等项目所涉及的各个设计专业文件。另外，设计单位根据初步设计的成果，还应完成项目初步设计概算的编制。因此，初步设计是设计单位将项目建设前期将建设方和政府对项目建设的要求，与现行的建筑设计规范融合后，创作出来的项目建设的具体工程设计文件，具有知识产权属性。

一项工程的初步设计成功与否，除了要求设计单位自身的业务水平外，还在于给予设计单位前期工作条件完善与否。在初步设计之前所做的一切项目前期工作的成果，都将在项目的初步设计中得到体现。通过初步设计，可以看到设计单位对建设单位和政府要求的理解程度，

同时也是对进行设计单位招标和选择设计单位决定的正确与否的验证。

1.初步设计阶段的主要工作

1.1 检查初步设计前以下几方面建设方给予设计单位的设计工作条件是否完备，其中包括：

1.1.1 项目建议书和可行性研究报告的批复（复印件）。

1.1.2 选址意见书或项目规划设计条件的通知（复印件）。

1.1.3 土地预审批复和土地权属调查报告（复印件）。

1.1.4 水、电、燃气、通信、网络、有线电视等市政管网提供的选址征询和方案征询条件（复印件）。

1.1.5 规划排水方案及环境保护的批复（复印件）。

1.1.6 抗震和防雷审核后对项目设计的要求（复印件）。

1.1.7 绿化方案设计、绿化面积指标以及绿化种植的要求（复印件）。

1.1.8 项目规划设计方案的批准文件（复印件）。

1.1.9 建设基地的地质详勘（或初勘）报告（复印件）。

1.1.10 设计单位需要且其他与初步设计相关的资料（复印件）。

1.2 保持与设计单位的联系。在初步设计过程中，经常检查设计进展情况，一方面了解设计进度，同时也为设计解决设计单位对建设方某些要求理解不深的问题，实际上是及时解决建设方要求，以及各审查机构对项目设计要求在设计过程中落实的问题。

1.3 将设计单位完成的初步设计初稿组织项目财务监理、施工监理（若已经招标落实）进行仔细审查，检查初步设计方案在投资控制和监督施工操作方面的可行性问题，并检查初步设计与设计规范、施工验收规范是否存在矛盾的问题；有哪些方面在可控范围内，又有哪些超出可控范围，需要采取措施严格予以控制资金使用的，又有哪些超出可控范围而难以控制，需要的概算评审会议上提请评审专家给予考虑和调整的，以保证设计和审批的项目概算符合项目建设的实际需要，并控制在政府计划部门经济指标要求控制的范围内。

1.4 将建设单位组织内审后发现的问题，书面提交设计单位，据此进行初步设计的调整、优化，达到初步设计的要求后，正式付印装订成初步设计申报文件，避免初步设计文件不够完善造成不必要的返工和浪费，同时将相关资料按照设计和技术管理的要求予以收存。

1.5 将建设单位内部审查通过的初步设计文件报建设单位领导审批，向领导说明初步设计的情况以及相关措施，获取领导的确认后，向建设和交通管理委员会建交委办理建设项目初步设计审批的申请手续。

1.6 向建交委申报初步设计审批，提交初步设计文件、概算及地质勘察资料，申报份数应根据建交委办事人员的协审通知办理。

1.7 协调建交委指定的初步设计评审机构，办理评审委托事务，包括签订委托评审合同（或协议），支付委托评审费用，安排和确定初步设计评审时间和地点，请评审机构聘请评审专家事宜等。

1.8 组织项目管理、施工监理、财务监理和设计单位参加建交委组织的建设项目初步设计评审会议，听取专家（包括建筑、结构、安装或设备和投资等各方面专家参与）的评审意见，或提出申辩意见。

1.9 收集初步设计评审结论意见和审批文件，并复制发给相关操作需要的单位，作为相关工作依据。应特别注意，要求设计单位在施工图设计阶段加以调整，并在施工图设计阶段按照初步设计评审批准项目概算指标控制施工图预算。同时，要求财务监理根据批准的初步设计概算，调整项目投资控制的计划目标，报建设方认可后付诸实施。建交委对初步设计和概算审批文件的原件应妥善保管存档，备做竣工资料时使用。

2. 初步设计审查工作的注意事项

2.1 检查初步设计是否符合建设方提出的项目功能要求和项目可行性研究报告批复意见的规定。

2.2 要求施工监理检查初步设计在施工中实施监督的可行性。

2.3 要求财务监理检查项目投资额度、指标的可控性，以便分解和确定项目投资控制计划目标和编制完善的控制措施。

因此，根据上述要求，在初步设计阶段，尽可能要求财务监理和施工监理能尽早介入工作。当然此时不一定要求全职在岗，但是必须协助建设方对工程初步设计把关，特别是控制项目投资的工作是绝对不可缺失的。而施工监理的介入，一方面解决初步设计可操作性的问题，同时也可协助建设方解决工程技术方面技术力量不足的问题。

3. 初步设计评审和审批

初步设计完成内部审查后即可向建设和建交委申报评审和审批。

3.1 评审过程。

3.1.1 向建交委提出初步设计的书面申请文件，并根据建交委要求提供规定数量的初步设计文本和初步设计概算，供防雷、抗震、环保、卫生、交通、绿化和市政等各方面对项目初步设计进行协审。

3.1.2 根据建交委安排，委托专业的咨询公司组织初步设计及概算的评审。并评审机构确定提交数量的初步设计和概算文本，供相关专家审阅；

3.1.3 组织项目的参建单位，包括设计单位各专业和概算的工程技术人员，以及投资监理单位、施工监理单位（此时最好已经确定）的相关土建和安装工程技术人员，根据事前准备的相关问题和预案，按照初步设计评审机构通知的时间一起参加初步设计评审会议。

3.1.4 建设项目初步设计评审会议，由市建设和交通管理委员会通知评审机构安排评审的组织并主持会议。评审工作需要办理咨询委托合同，并按照咨询单位要求和收费标准，支付相关咨询费用。评审会议聘请有关总图、建筑、结构、设备以及安装、概算的专家，并就初步设计的文件和概算审查提出各自的专业审查意见，必要时允许建设单位及相关参建单位的与会人员解答或说明初步设计和概算的相关问题。

3.1.5 建交委会要求评审机构将各专业评审专家对初步设计的专业和概算评审意见汇总整理汇总后，形成项目的初步设计完整审查意见报建交委领导审批。

3.1.6 由建交委将项目初步设计评审的结论意见及概算调整情况会商发改委确认（主要涉及建设项目的建筑面积、建设标准和相应投资规模的指标情况和控制要求）。

3.1.7 建交委根据与发改委会商的协调结果，向建设方下达项目初步设计和概算审批文件，明确项目的建设规模、建设标准、投资金额指标，以及概算调整的情况和项目建设中需要注意的问题。此时项目投资计划已经可列入政府投资计划的文件中，发改委将按照政府投资计划协调财政机关下达项目拨款。

3.1.8 自收到建交委关于初步设计审批意见的通知后，初步设计及概算的评审阶段工作即告完成。此时，建设单位应将批文的复印件转发给项目设计单位、财务监理单位、施工监理单位，请他们将项目建设的工作向下一阶段推进。同时，将该批文原件妥善保管，必要时根据通知要求将原件的备件分送给指定各专业管理机构备案，为项目建设下一阶段的审查工作提供进一步的评价和审查依据。

4. 本阶段主要资料工作

4.1 检查初步设计准备的各项资料是否已发给设计单位并签收。

4.2 组织内部进行备报的初步设计文件检查，主要检查和解决规划方案阶段各审批机关要求设计的相关条件落实与否，要有审查回复资料，并注意将审查资料归档保存。

4.3 请施工监理检查初步设计的施工可操作性，发现问题的，需提出整改措施，提出书面审查的意见后转发给设计单位。并在审查初步设计文件时，对照检查整改和落实情况，将施工监理提出的书面检查意见作为设计和技术管理文件妥善保管备查。

4.4 要求财务监理检查初步设计概算控制的可操作性，提出投资控制计划，分解投资控制目标，拟定投资控制措施。对概算中可能超出政府或上级拨款计划，而又难以在实际施工操作中给予克服的问题，要做好充分准备，向建设方领导说明，并在初步设计评审会议上提出，提出给予调整措施的要求。这些工作都应有书面的检查记录。当提出的概算调整要求不被采信，财务监理应按照批准的概算，调整项目投资控制目标，并调整相关控制措施。

4.5 注意收集初步设计评审会议的记录和收集初步设计审批文件，以及初步设计概算审查和调整的文件，以便落实施工图设计优化和制订合理的投资指标控制措施。

4.6 相关资料收集保管。将初步设计和概算审查的结论文件复制，发给设计、财务监理和施工监理单位，并办理签收手续。

4.7 发给设计、财务监理和施工监理的初步设计审查结论文件时，应书面要求他们做好以下工作。

4.7.1 理解审批结论，调整报审前的控制方案和措施。

4.7.2 对照初步设计和概算审查结论文件中的要求，检查在施工图设计中的落实情况。

4.7.3 继续协助督促、检查初步设计阶段前期准备工作未完备做好的地方，继续努力完善项目开工建设前的相关准备工作。

第十六讲　项目建设用地规划许可证办理

内容要点：主要阐述初步设计经建交委审批通过后，办理项目建设用地的第一部手续。即向项目辖区的规划土地管理局申办规划用地许可手续的操作过程，为办理拟建项目的土地允许使用，提供规划审查的确认意见。

项目建设用地规划许可证的办理，是在项目规划选址批准的条件下，当项目获得可行性研究报告批准，并通过项目规划设计方案审批后，从规划管理的角度落实建设项目使用土地的事项。按照项目建设的管理程序要求，此时由规划和土地管理部门代表政府，明确对项目用地在规划技术方面的审查意见，确定项目使用土地的性质和用地范围。在此基础上，方可解决后续建设项目建设用地的土地地籍管理指标和办理土地征用等一系列手续。

办理规划用地许可证的过程，是规划部门根据已经通过审批的建设地区控制性详细规划的要求，在审查项目初步设计与之相符的基础上，由规划管理方面给予项目用地的行政许可过程，这是项目批准立项后，落实建设项目用地的第一步工作。

通过土地权属调查、预审的基础上，核定了建设项目的用地范围和用地性质。项目具体用地数量和范围，需待土地管理的职能部门核定。所以，在可行性研究报告批复和建设用地许可证上除了给予基本用地指标外，往往注明“以实测为准”的字样。

如果项目拟建用地范围的土地属性，与规划用地管理要求不一致，则需办理项目拟用地范围使用性质的变更手续，土地使用性质变更的手续按照规划专项管理要求执行。当规划部门同意土地使用性质变更后，还要进行相关地域的控制性详细规划调整和审批。只有当项目建设用地性质和用地范围，与批准执行调整的项目所在区域控制性详细规划相符合时，项目的建设用地许可证才能获批。如果在此时发生需重新调整控详规划的情况，则对此前完成的规划选址、项目可行性研究报告审批、乃至初步设计和审批的程序工作阶段就都要进行相应的调整。故在项目筹备和选址阶段，项目使用土地性质的明确及与控详规划相符性的工作一定要做仔细、弄明白，避免建设项目发生规范执行管理程序工作的大返工，这对整个项目建设的推进会产生巨大的影响。所以，在项目建设管理中每一步工作都要仔细了解，各项前后程序的要求和前后工作搭接的相互关联，避免不必要的经济和时间损失。

1. 建设项目用地批准书的办理手续

1.1 与办理项目规划选址手续相同，事前在办理窗口了解近期规划用地许可证办理的要求，以及各项需要备报的资料明细。

1.2 先在网上查阅建设用地规划许可证申请表格，并打印成草表。

1.3 按照要求填写草表，并准备申报规定的相关附件资料。

1.4 经检查草表填写无误后，在网上进行在线申报。

1.5 符合申报要求，网上会出现“申报通过”的提示，并在表格右上角会出现一组条形码，此时可以下载并打印。

1.6 将有条形码的申请表打印后盖上项目建设单位的公章备用。

1.7 整理和准备需要附报的各项资料，按照顺序编制递交文件和资料的清单。

1.7.1 项目建议书的批复。

1.7.2 项目选址意见书的批复。

1.7.3 项目可行性研究报告的批复。

1.7.4 项目规划方案的批复。

1.7.5 项目初步设计文本。

1.7.6 项目初步设计的批复。

1.7.7 拟建项目区域的地形图（应用画示红线及其他控制线的位置，以及用红笔画示项目拟建区域的范围，并标注用地范围与这些控制线的最近距离。这些间距的标注应符合选址意见书、权属调查及各相关专业机构征询和审查的要求。这项工作可委托设计单位协助，以其专业技术能力给予准确表达，相关资料应事前提供给设计单位，并有签收记录印证）。

1.8 将所有申报资料扫描并刻制成光盘，并带上全部纸质文件送规划局窗口办理申报手续。同时取回书面提交回单，以备领取审批通过的建设用地规划许可证时用。

上述手续的程序与申报规划选址意见书时基本相同，只是具体对象、内容、要求略有改变，掌握规律，规划部门的申报手续的程式基本都一样。

2. 建设项目用地批准书办理前需进行的工作和资料准备

2.1 向项目管辖的市或区规划局受理窗口了解申报的要求及有关事项告知单，避免届时可能发生工作要求变更的情况；

2.2 按照告知单和窗口了解的要求准备相关资料，编制所有申报资料的清单，便于自己和窗口对申报资料齐备情况进行核对检查。

3. 建设项目用地批准书的申报

3.1 按照申报告知要求，将经核对、检查无误后的报送资料和目录，送至项目管辖区域的规划局窗口。

3.2 经窗口服务人员对报送资料核对无误后予以接受，并出具资料接受证明，项目办事人员应收存接受证明。

3.3 有条件时应了解规划局具体经办人员的联系方式，以便在审查过程中加强联系，协调可能产生的问题，及时完成建设项目规划许可证的审批。

3.4 按照规划局窗口经办人员的通知，携带报送资料的接受凭条，领取建设项目规划用地许可证。领证时，应注意核对文件及相关附件（盖有规划用地许可审查印章的地形图）齐备的情况。

3.5 将资料送项目资料管理员保管，并做好项目建设用地许可证办理的相关记录。做好相关资料复印，以备后续程序申报附件的需要，并做好项目资料目录相关的增项记录

4. 本阶段资料的工作

4.1 收集、整理申报项目建设用地规划许可证的附属资料，并核对届时规划局申报窗口告知单的内容，避免调整产生的影响。

4.2 收集申报表填报需要的各项数据、文字资料，完成填报后在电脑中保存下载的申报表格。

4.3 电脑中专项保存申报项目建设用地许可证申办的全部资料。

4.4 收管好批准的建设用地规划许可证资料，备制复印件，准备征用土地使用，并作为设计从规划管理上同意使用项目土地的依据。

附录 报送建设项目规划许可证资料清单样稿

××××××项目申报规划许可证资料清单

1. 建设项目的建设用地许可证申请表。

2. 项目可行性研究报告批复。

3. 项目初步设计批复。

4. 项目规划选址（规划设计条件）批复。

5. 项目土地权属调查报告。

6. 地形图（2份）。

7. 项目初步设计总平面图（蓝图）。

8. 项目初步设计文本。

9. 项目地质勘察报告（详勘）。

10. 报送文件的电子光盘。

××××（建设单位）

××××年××月××日

第十七讲　项目建设用地批准书办理

内容要点：本阶段是在规划批复建设用地许可证，在规划管理角度确认项目建设用地范围的基础上，由土地管理部门办理的项目建设用地的实际落地手续。即项目建设用地批准书，是项目建设用地许可的最终法律确认手续，也是办理建设用地使用权证的重要依据，故务必认真按照行政管理相关要求执行。

办理建设项目用地批准书是在规划批准项目建设用地许可证后，由的土地管理部门从整个区域土地资源和使用情况出发，并审查建设规划用地要求批准情况后，从地籍管理角度核准建设用地的性质及用地范围，并从控制土地使用的相关规定出发，颁发项目的建设用地准许证明。

1.本项工作的主要步骤

1.1 准备办理建设用地批准书手续所需要的各项资料。

1.1.1 专项申报表格，从网上下载表格，准确填报后在网上进行申报，通过后下载附有条形码的申报表格，盖建设单位印章后备用。

1.1.2 项目建议书批复和项目可行性研究报告批复（复印件）。

1.1.3 选址意见书或规划设计条件，以及相关的附图（复印件）。

1.1.4 征地协议。

1.1.5 土地权属调查报告（复印件）。

1.1.6 土地预审的批复文件（复印件）。

1.1.7 初步设计批复（原件）。

1.1.8 向土地测绘中心购置项目所在地的地籍图（注意：不是地形图）5套（可用相应地形图图号查找对应的地籍图号）。

1.1.9 建设项目规划用地许可证（复印件）。

1.1.10 建设单位法人签署的经办人报审工作授权委托书。

上述资料应核对窗口申报告知单的条件，在无差异的情况下，编制和打印报送资料的目录，并将上述资料按照目录的顺序整理好，附目录表备申报使用。

2. 向土地管理部门窗口报送资料

当上述资料准备齐全后即可向土地管理部门办理报送工作。资料递交后，窗口应给予接受证明，经办人应妥善保管，以备领取建设用地批准书时出示用。同时，经办人应了解具体颁证工作人员的联系方式，了解颁证周期，以便及时协调，及时取回批准的文件。

3. 建设用地批准书下达后应做的工作

3.1 经办人员应移交项目资料管理人员，复印需要的份数供后续程序工作备用，并归档保存。

3.2 做好项目需征用土地的相关准备工作。

3.3 做好办理申报项目规划许可证的备报资料准备工作。

3.4 做好办理建设项目土地使用权证的备报资料准备工作。

3.5 发给项目设计单位，告知建设项目用地落实情况，并做好发文签收记录。

4. 本阶段资料主要工作

4.1 准备和整理报送、申办“建设项目用地批准书”的资料，并编制报送资料目录。

4.2 收管批准的“建设用地批准书”及附件，做好资料登记工作。

同时，准备后续程序工作需要的复印件，备用。

4.3 按照建设程序工作的要求，将复印件发给相关单位和相关经办人签收使用。

4.4 做好“建设用地批准书”资料收发的签收登记工作，确保应使用的人员均有领用记录，以便可追溯。

第十八讲　项目建设用地的征用

内容要点：正式征用土地工作的启动必须在建设用地批准书下达后方可实施，因土地征用手续相当繁复，涉及众多社会利益，许多政策需在实施过程中予以贯彻，避免产生不安定因素而引起不必要的社会矛盾。本文仅将工作过程予以介绍，以了解征地过程实施的基本要求。在实际操作中，还需根据政府的各项规定和实际情况加以研究分析，制订对策，做过细工作，保证完成征地工作程序的全部操作要求，并确保社会稳定。具体征地事务的工作，也可委托有资质的征地和动拆迁专业工作单位进行。

根据批准的项目建设用地批准书，项目建设单位可以按照相关规定，进行土地征用的准备工作。征地程序见本讲附图所示。

1. 土地征用的具体工作程序

1.1 编制建设土地征用工作的“一书四方案”，即征地方案意见书、农田青苗赔偿方案、劳动力安置方案、固定资产赔偿方案、征地费用支付方案，报土地征用管理部门审批，通过后即可付诸实施。

1.2 根据在项目建设准备阶段与原土地使用单位签订的土地征用意向协议（包括征地费用包干和劳动力安置补偿初步一意向协议），签订正式土地征用协议。协议应明确以下事项。

1.2.1 土地征用按照建设用地批准书规定的征用范围及批准的“一书四方案”进行。在签订的征地协议中，应将征用土地的范围、与被征地单位协商确定的征地费用、补偿和赔偿的相关经济事项处理意见等，按批准的“一书四方案”所明确的要求，协调和统筹到协议文本中，避免履行阶段发生执行的矛盾和纠纷。

1.2.2 按照土地区划、级别的情况，明确土地费用的标准（购置费用，不包括向政府缴纳的土地购置税），具体核定应要求财务监理参与进行工作。

1.2.3 明确被征用土地上的种植物赔偿费用标准（征用土地种植农作物尚未收获的按青苗赔偿费规定计算，树木等其他常年种植物按苗木赔偿费计算，可以在项目进程中完成农作物收割的，应尽量安排农作物收割后交地，减少青苗赔偿费用的支出）。

1.2.4 劳动力安置补偿费标准（在政府规定标准基础上按照实际情况进行谈判、协调）。

1.2.5 征用土地上的建筑物赔偿标准（参照政府相关规定的赔偿标准为基础，原则上仅对持证建筑物进行赔偿，具体的执行应视实际情况进行谈判、协调）。

1.2.6 其他需向原土地拥有者支付的费用（具体应逐一明立支付项目，逐一协商解决办法）。

1.2.7 计算总费用，并明确相关费用支付与迁出、交地挂钩的条件和时限。

1.2.8 明确原土地拥有者应承担协助完成土地征用和动迁相关工作的义务。

1.2.9 动迁费支付和结算办法。由被征地单位出具征地协议结案及结算完成、补偿费支付和劳动力安置完成的证明。

1.2.10 其他需要加强保护建设方利益的事项（需谈判、协调后共同确认）。

1.3 征用土地上的绿化种植物，因已支付赔偿费用，其权属应归建设方所有，考虑从绿化保护和节约项目投资费用出发，对有价值的绿化苗木，建设方和项目管理应考虑在不影响工程建设的条件下，进行保护性临时搬迁，并请设计人员将其布置在项目总体绿化工程的设计中，并由绿化施工人员安排在绿化种植工程中使用。

1.4 委托土地管理部门对征用的土地进行用地范围测量，支付测量费用并取得土地使用范围的测量报告备用。

1.5 征用土地前，应根据征地协议对农田和建筑物以及其辅助设施、设备，树木等（在赔偿清单范围内的各项实物）逐一进行登记、调查、核对、确认。同时，对规定需要安置的人员也同步进行分类登记、调查、核对、确认，保证实际支付费用与计划清单一一对应。

1.6 对经过登记调查、核对、确认人和物，编造赔偿明细，并按照规定条件的兑现，经签认后，进行相应的赔偿付款及安置。

1.7 将完成赔偿的证明向土地管理部门申报，以示征地补偿已经按照规定完成，并申请相关政府机构发给手续完成的证明。

1.8 向政府土地管理部门支付征用土地的税赋，并提交全部前征地手续，办理征地包干工作结案证明，然后可向土地管理部门申请办理给建设方的供地通知、划拨手续，领取建设用地划拨通知书。

1.9 上述手续完成后，办理建设单位项目土地使用权证的工作即告完成后。土地转入建设方权限之下，即可办理申请征用土地上原建筑拆除、绿化苗木搬迁和场地平整手续和相关工作。

1.10 规范的征地手续中，在土地管理部门批准下达供地通知手续前，还需办理相关公示程序。公示程序的做法可参照方案公示的做法，所不同的是：公示牌的公告确认是由土地管理部门审查盖章。

2.征地工作中的注意事项

2.1 土地征用过程中可能会发生较多的意外情况，前面项目筹建准备阶段的征地意向协议，就是为现阶段签订正式征地协议做准备，并为征地工作开展做铺垫。在签订征地协议前，尤其在可行性研究报告前，就可委托有资质的评估机构进行社会风险评估。使必要和正常的征地费用经济指标能计算得比较准确，并在项目可行性研究报告批复的项目匡算中，得到切实反映。

2.2 当征用土地原始用地性质与建设项目用地性质不一致时，参照前第四讲《项目的规划选址申报》的讲述处理。

2.3 征地工作时，为了避免协商可能发生的正面冲突、矛盾，故在征地操作阶段，应联系和协调地方政府工作机构和公安系统，协助维护社会秩序。也可考虑委托有资质的专业征地机构进行动拆迁的具体事务工作，以便对政府动拆迁政策的掌握和执行，能有较可靠的把握程度。但应考虑委托费用纳入项目土地征用总费用的指标内。

2.4 关于在征地过程中可能产生的各种意外情况，在注意签订征地协议时，考虑不确定因素的影响，应对可能产生的情况，协商制定处理以外情况的原则意见、方法、措施和方案，及时解决这些问题，避免影响征地工作的正常推进。

2.5 许多涉及经济赔偿的事项，需要根据提出的赔偿项目逐一进行认真的核对、确认、计算，做到公正、公开、公平、透明，避免不必要和无原则的纠纷。由于这项赔偿费用具体的落实涉及民生和社会稳定问题，是各地、各级政府都十分敏感的政策问题，所以务必坚持政策，认真对待，做好细致的工作，不应有任何马虎和随意性。

2.6 土地征用程序的办理应按照土地管理部门的要求执行，具体还应到办事窗口，与具体经办人员协调，征询他们的意见，按照规范办事，避免工协调的作缺失，影响征地具体事务的办理进度。

2.7 项目财务监理应参与征地工作中的经济事务，并做好相关的投资控制工作，对所有补偿标准的确定，应做到有凭有据，有政策规定的依据和执行标准，确保所有补偿费用的支出公开、透明，经得起追索、审查，也可以减少和避免涉及被补偿人的经济矛盾和纠纷。

2.8 因为征地工作政策性强，所以征地工作推进前应做好各项工作开展的预案，考虑好可能产生情况的处理原则和方法，使征地工作尽可能纳入有效控制的范围内。

2.9 做好所有单位、个人涉及赔偿事宜的协商记录以及记录的确认手续，避免产生协商成果发生意外变更的情况，造成不必要的返工而影响征地工作的计划进程。

2.10 土地使用权证是办理项目规划许可证和建设项目竣工后建筑物产权证的必须提供的证明手续和资料，故必须注意妥善保管。

2.11 征地工作结束，不管是自己操作还是委托专业机构执行，都应将征地工作进行全面总结，形成项目征地工作的专题报告，备查和备案。

3.处理征地工作的其他途径参考

根据目前土地管理控制的办法，相关的一些地方政府成立了土地资源储备中心。土地征用手续可以由储备中心统一办理，使用土地的征用、拆迁、补偿、用地性质变更等手续均由储备中心办理，包括旧房拆除，可由其委托拆迁公司执行。一旦建设用地批准书下达，可直接向储备中心购置符合控详规划要求的土地，土地征用手续就简化了。向储备中心交付计划规定的土地费用，储备中心出具证明，即可直接办理土地划拨通知书，并办理相关土地使用权证证。这时，土地转移到建设单位的手续即告全部完成。

对建设单位自己拥有建设用地的，即已经具备土地使用权证的建设单位（包括拟将原有使用建筑拆除重建、扩建的），可讲原持有的土地使用权证代替土地划拨证明办理项目建设规划许可证，所有征地拆迁手续即可免办。新工程竣工后，可就新建项目办理新的土地使用权证和产权证。

4. 本阶段的资料工作

本阶段工作涉及的面比较广，尤其涉及普通民众的利益，所以资料工作尤其要注意收集完整，保证任何事项处理的依据是贯彻公平、公开的原则，可以经得起检查，是公开、透明的，这样可以避免不必要的社会矛盾发生。为此资料工作应该做到如下几点。

4.1 所有涉及土地征用的资料应悉数收集，并注意做到合理分类、料理清晰。

4.2 注意过程资料保密，避免尚未确定的资料外泄，产生不必要的矛盾和麻烦。

4.3 对于青苗赔偿、建筑物和固定资产赔偿和补偿；劳动力安置等资料应加编分类资料目录和总目录、分类装订，并标清各册资料名称的封面，归档存放，以备复验和发生纠纷时复查使用。

4.4 注意收集各项谈判的记录资料，完成相关确定执行事项的会议记录、付款审查审批流转手续及相关往来文件，备今后工作审查、复核使用。

4.5 全部项目建设用地征用工作的过程资料，应独立成卷存放，便于检索和检查。

目前市建立土地储备中心的，其负责规划土地征用，并在征用区域的土地上进行配套设施的建设，使之符合控详规划的用地区划要求，为土地功能进一步开发建设创造条件，行使区域内各项建设用地的储备工作。建设方可选择符合条件的建设用地，经相关手续办理完成，并在缴纳相关土地费用后，从土地储备中心直接获得建设用地。征地手续就可被简化，征地费用的控制因按照规范要求执行，也容易计划、审批和支付。建设方和项目管理在操作时应注意和掌握相关用地程序的原则要求，取得必备的程序手续资料，保证建设项目的土地使用手续符合规范的要求。

附录 土地征用阶段工作流程示意图

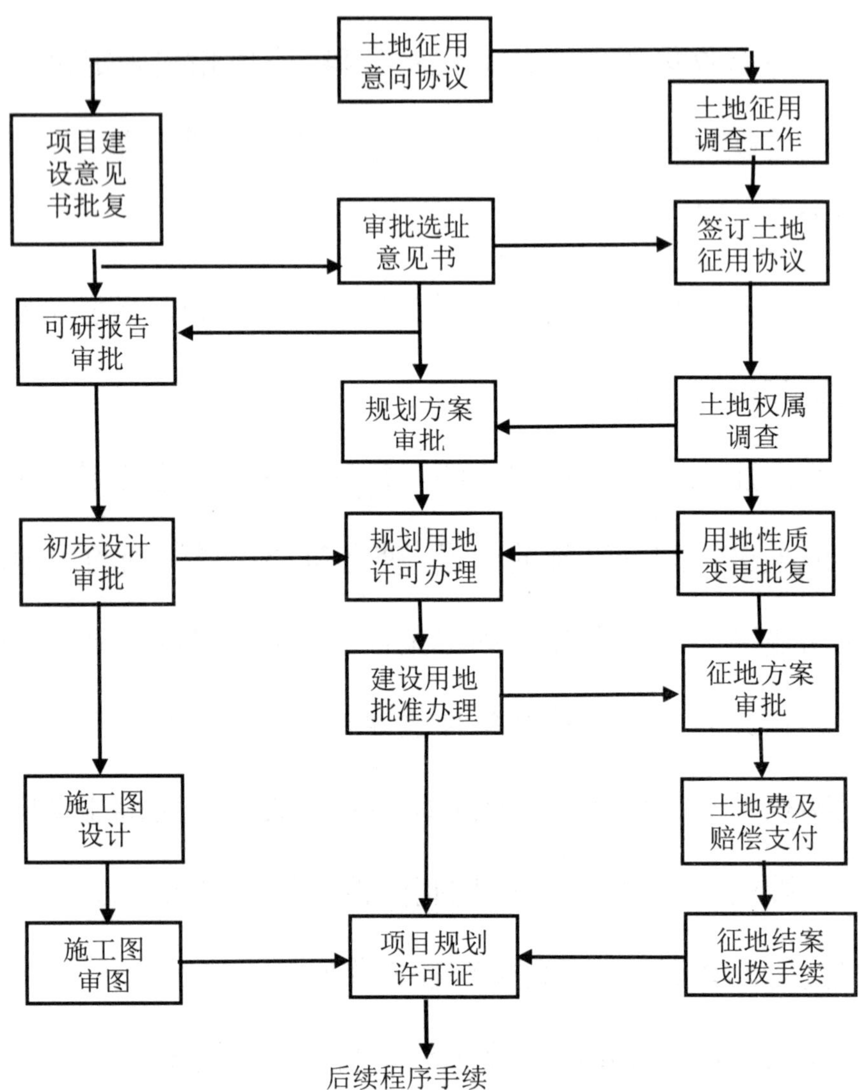

第十九讲　项目的施工图设计

内容要点：施工图设计是初步设计的深化和细化，便于施工时对工程细部操作要求更明了。在施工图设计中，项目管理应注意检查初步设计的评审意见和要求，在施工图设计图纸中的修改落实情况，检查相应部位的详图完成和交代情况，确保相关部位的实施表述符合规范和实际操作的要求，并避免详图设计漏项的情况。保证施工中准确把握建设方和设计人员对工程实施的要求。

施工图设计是将所有施工中应实施的要求，用图纸形式进行详细的描述。经过初步设计评审和初步设计征询，将有关专业对设计的要求在初步设计的基础上进行优化、深化，同时根据设计概算的要求，对工程使用的材料、设备在投资控制要求的基础上进行合理调整，并对细节处理要求提供所参照的标准图集的详图编目明细。在无法提供可参照的标准图集情况下，设计人员应补充完成相关节点详图的设计，说明具体部位的施工细节和规范做法。同时，还要根据投资控制的要求，在可行的范围内，检查建设方需要修改部位的功能要求是否完成相应的合理调整。在经仔细推敲和施工监理、投资监理配合检查、认可的基础上，通知设计单位完成施工图出图工作。

1. 施工图设计阶段的管理工作

1.1 施工图设计前对准备工作的检查。

1.1.1 检查初步设计评审意见及批准的概算指标，以及相关专业对初步设计征询审查意见和建设方调整要求的意见是否都确已转发给设计单位。

1.1.2 初步设计评审后，会同投资监理、施工监理（在此项工作前，最好能落实施工监理单位，以便增加项目技术管理的能力，从施工监理工作需要和施工技术可行性的角度提出意见，完善施工图设计）与设计单位进行施工图设计要求的协调，并使建设方对相关功能的合理调整要求在投资控制的范围内尽可能得到满足。

1.1.3 检查必需绘制的施工节点详图完成情况，以及施工过程中可以参照的标准节点详图的目录是否得到满足。

1.1.4 有否特殊用料和设备采购要求的详细说明，并确保相关设备、材料的选定与施工图设计相吻合。

1.1.5 检查图纸使用的比例是否恰当，尺寸标注是否准确，图面大小和图纸号选用是否合理，能否看清图纸，方便施工，图面布置是否均衡、对应关系是否交代清晰等。虽然这是设计单位提交施工图前，自身应履行的基本自审工作要求，但是建设单位和项目管理也要加以关心，并动员一切参建单位协助提高设计单位施工图设计的工作质量，避免和减少施工过程中因施工图问题产生矛盾而引起设计修改、技术核定的处理，努力提高项目实施中的工作效率。

1.1.6 检查该阶段相关往来的设计技术文件保管情况，确保各项技术责任明确，并使施工图设计的依据资料齐备并具有可追溯条件。

1.2 施工图设计过程中的检查。

1.2.1 需关心、检查施工图设计过程的进度、质量。

1.2.2 与设计单位保持经常性的工作联系，及时协调、解决设计中可能存在的技术经济问题，注意有否需要协调建设方以及项目相关参建的咨询服务单位应给予明确或支持的事项。

1.2.3 所有需要进行变动、调整的要求，以及设计单位拟采取措施和向建设方项目管理和投资监理征求的意见，都应以书面形式发给接收方，并按规范要求收存，避免涉及责任记录缺失的情况。

1.2.4 对于即将完成的施工图，应检查相关设计责任人的签署是否完整并符合规范要求，图纸号码编制是否准确，相关比例和技术数据标注是否清晰、准确，有否漏标、错标的情况，并检查设计单位履行合同义务中对图纸质量承诺的兑现情况。

1.3 施工图设计完成后的相关工作。

1.3.1 施工图完成后首先需交由建设方确定的审图单位进行施工图审图，通过审图，取得审图合格证书后，方可进行下一步工作。

1.3.2 施工图设计完成前，项目管理应统计各种施工图需要的数量。对各种用途的图纸使用单位和所需要图纸种类、份数进行统计，是一项虽简单却是繁复的工作。说简单，各需用施工单位的使用数量仅仅是加减乘除的算术统计工作；又由于各单位需要图纸的种类、需用数量是不尽相同的，而复制和分配图纸数量也是一件比较繁复的工作，不仅要有各单位、各环节需要整套图纸的统计数据，还要统计各种相关而不同专业图纸的种类及数量，并对各项工作所需图纸进行整理、归类、复核，以便统一准确地分发。并将各种图纸的需求进行总量的汇总分类统计，以便报设计单位一次性晒蓝付印，再按照之前对各用图单位的图纸需求计划，做到条条块块的各种需要都不能遗漏或缺，并达到一次性分配发放满足要求工作的标准。这就需要管理工作中的细致性和认真精神。各种图纸需求量的附表附在最后，供大家实施时参考，大家也可以根据实际情况，对相关数量进行调整。要求对项目管理中简单工作也给予认真细致的对待，减少不必要的返工和重复操作，以便提高工作效率，避免浪费。做好这项工作能体现项目管理的工作素质，也能提高工作系统性、条理性的管理水平；

1.3.3 完成各类需用图纸使用数量的统计后，应按照设计合同的约定，以书面形式通知设计单位准备。前面第九讲第 2.2.3 点已经说明，在签订设计合同时就应予以明确供图要求：设计的提交的图纸不仅仅是简单的整套数量，还包括提供各项审批、审查需要的单项或专业图纸及相应的数量，这是设计单位必须履行的配合工作的义务。

1.3.4 当设计单位将现场施工使用的图纸完成向施工监理交付后，施工监理应先对将实施施工的图纸进行受控处理，确保拟下发使用的图纸版本准确、图纸专业种类齐备、专业图纸数量与专业图纸目录相符、各项签署完备。保证各参建单位用于实际工作的图纸均满足统一标准的要求。未经施工监理受控处理的图纸不得实施操作，也不得进行工程结算计价，避免影响工程质量和工程结算的控制。

1.3.5 设计变更的施工图应按照原图印发的数量重新进行印发。原则上，作废的图纸应在发放新图同时予以收回，并集中销毁（资料员保管过程资料的需要除外，但应由施工监理在图上盖有“作废”的标记，并加以备案记录）。为保证施工图纸的严格管理，项目管理应督促施工监理下达书面通知到各接收使用图纸的单位，明确作废图纸的编号，取代和启用新图纸的编号，并明确实施新旧更替图纸的日期和发文日期。避免工程施工和验收产生失误和责任追究，也避免项目财务监理进行工程结算时发生差错。

2.本阶段的主要资料工作

2.1 做好设计阶段中，各项往来文件的收发签字登记手续。

2.2 做好设计阶段与设计技术相关的各项专题会议记录，并附做好会前的签到手续。

2.3 施工图设计阶段的检查、协调工作的情况都应及时进行记录，并保存在设计技术管理工作的相关资料文件中。

2.4 项目管理和施工监理应在日常资料检查工作中，确保留备查和被变更的原图都盖有“作废”的标记，并做好检查情况的记录。

第二十讲　施工图审图

内容要点：施工图审图是按政府规定，由第三方对设计单位执行设计规范情况的检查，是强化设计质量监督的重要环节，也是保证施工质量、控制工程投资必要的强化措施。取得审图合格证书是办理建设工程规划许可证和施工许可证的必要条件。本讲主要阐述施工图审图工作中的有关事项，供完善审图阶段的项目管理工作参考。

工程施工图设计完成后，对施工图进行具备资质的第三方审查是目前工程建设程序中必须进行的一项工作环节。其目的是检查施工图设计是否符合建筑工程设计规范的要求，特别是检查强制性规范是否严格履行，结构计算是否符合安全，以及相关节能的政策要求在设计中的执行情况等，用以保证工程建设在设计环节中不出现重大问题，防止设计单位内部对图纸审核管理工作有松懈、不规范、不负责的情况发生，避免设计人员或单位仅考虑自身或本单位利益而可能产生的不良后果。

审图通过后，由审图单位在施工图盖上审图章，并发给审图合格证书，方可作为办理规划许可证和施工许可证的条件之一。为此，项目管理应从为维护建设方利益出发，协助建设方把好这一关。

在审图工作进行时应注意以下工作要求的落实，注意避免设计、审图单位之间相互扯皮，保证审图质量，防止产生影响审图环节的进度和工程实际开工需要的情况发生。

1. 审图的准备工作

1.1 选择审图单位。根据审图工作的相关规定，审图单位的选择须在建管办的电脑上进行网上操作。一旦审图程序的执行条件成熟，建设单位在建管办打开的电脑上进行项目审图单位的选择，此时随机出现两个具有审图资格的审图单位名称。根据现行规定，建设方可选择其中一个作为项目的法定审图单位。

建设方选择审图单位时，应注意选择符合专业能力可靠、有声誉，以及建设单位认为有利于审图与设计单位沟通、协调的审图单位，有利于加快审图周期。然后向建管办办理项目施工图审图单位的确认手续。

1.2 签订审图合同。审图单位确定后，应即与审图单位签订委托审图合同，明确建设单位与审图单位之间各自的权利义务，合同执行的条件，以及涉及审图合同中需要设计单位配合的事项。同时，明确审图合同的费用和支付方法，明确审图需报送资料的要求和需要明确的其他事项。

签约前，项目管理要协助建设方对审图单位提供的审图合同文件进行检查，确保涉及审图委托的各项事宜均在合同得到合理反映。同时，组织财务监理应参与审图合同的审核工作，确保审图费用控制在计划目标的范围内；请法律顾问检查拟签合同执行相关法律规定的情况，确保建设方法人的权益得到维护。

按照规定审图工作的委托，必须以建设方的名义办理。为此，项目管理必须事前了解审图公司的资质、业绩，并避免审图和设计单位之间在设计质量审查方面可能存在的不规范行为。

1.3 要求设计院的配合工作。

1.3.1 一旦确定审图单位，应立即通知设计单位，或送达审图合同副本，明确设计与审图单位之间在审图阶段的工作要求和联系方法。所有审图需要的资料，原则上应由设计单位直接送往审图单位工作处，便于工作上的沟通和协调。此时，项目管理主要职责是，协助建设方处理好审图单位和设计单位之间的工作协调，解决可能存在的矛盾。当发生需要协助设计单位传递相关资料时，必须办好相关报审资料的检查、核对手续，避免资料缺失的意外事件发生。

即便是协助设计单位传递资料，也不能形成惯例，不能使设计单位造成责任转移给建设方和项目管理的印象。这项工作也必须在与设计单位签订设计合同时给予交代和明确。

1.3.2 设计院应准备并提供齐套的全套施工图设计文件，以及相关贯彻规范要求的计算书，包括结构设计、节能设计、强电设计等的计算书。同时，根据审图工作的需要，设计院应随时满足审图单位要求，准备和送达相关需增补的资料。并落实审图期间相关工作的联系人，联系方式，随时准备解答审图单位提出的问题，同时做好相关的设计工作核查和整改工作。项目管理应检查设计单位和对报审图需要各项资料的准备、落实情况，达到要求后，编制报送审图的资料目录，随同全部审图资料及时送达审图单位，并应注意办理审图资料的签收手续。

1.3.3 了解审图工作需要的实际周期，以便对照项目的总进度计划安排的相关要求，做好实际工作的衔接，尽可能在保证审图质量的前提下，加快审图工作的进度。

1.4. 审图合同费用的确定与支付。审图费用有具体的收费标准，在可行的情况下，可与之协商优惠的幅度，但这种幅度以不应影响相关审图工作质量及有关审图单位应该履行的义务为原则。

审图费用的确定工作应由投资监理参与协调，使之能控制在投资计划总目标和审图费用控制目标之内。

确定的审图费用支付方法一般可有两种。一种是分预付和结算两期支付，一般可考虑预付30%和结算70%的方案；另一种是经协调并征得审图单位同意，在审图工作完成后一次性支付。不管何种支付方法，都必须在审图单位完成约定的全部审图工作，向建设方提交审图合格证书后方可办理审图合同的最后结算支付。

1.5 审图合同执行中的注意事项。由于项目工程在实施过程中会发生一些与执行强制性规范，以及与执行安全、质量标准、措施有矛盾，需要变更的情况，且与原设计要求存在差异，需要设计另行出图。此时需对修改、变更图纸进行复审的审图工作，并可能会发生审图费用增补的问题。尽管合同总价的变化可能有限，但作为控制项目投资的管理，必须由投资监理进行审核。经规定的合同变更手续程序完成后，方可核准新增的审图费用和进行支付。为此，应该注意四点：第一，除重大设计变更，建议首先应签订合同时需与审图单位协调，明确审图费用应包括可能产生零星小变更的复审费用在内；第二，应要求设计工作必须注意施工图的工作质量，避免工程设计方案多变，减少这方面矛盾引起处理上的反复和麻烦，从而提高整个工程设计质量和实施进度管理的工作效率；第三，建设方在确定建设项目的功能时应尽量做到要求准确，避免建设项目在设计和施工过程中发生功能和建设标准的重大变更，降低因建设方的责任，增加设计和审图的工作量，以至影响工程实施计划的正常推进；第四，应与设计单位在签订设计合同时明确，因设计原因，造成审图资料提交不完整或存在失误，而引起审图工作反复所增加审图费用，则应由设计单位承担。这些情况的处置措施也应事前在设计合同中予以明确。

2. 审图完成后的工作

2.1 合格图纸的递交，应由设计单位按照合同规定或应建设方要求、约定的份数，从审图单位盖章领出后交给建设方，原则上也不应该由项目管理取而代之。具体方法可参照本讲第 1 点相关要求执行。一般盖审图章的图纸需要五套，施工监理和施工总承包各一套，施工结束后施工监理的一套和另两套备作编制竣工图交施工总承包使用，另外一套备报建筑工程质量和安全监督站使用，其中不包括各备案机构需要零星的有审图章的专业施工施工图。这一点也必须在设计和审图合同中予以明确，避免产生需盖有审图章的专业图纸不足问题。

2.2 对于盖审图章的图纸数量，应在项目图纸计划中预先考虑，对竣工图需用的盖审图章图纸，除制作竣工图外，还必须考虑办理施工许可证前后，各审批环节、用图单位对非整套盖有审图章施工图纸的需要，其中包括办理规划许可证等手续需要的总平面图及相关专业图纸。设计单位自己需要进行审图资料归档图纸的数量均不在约定设计单位向建设方提供的图纸数量范围内，若需则由设计单位增加相关图纸的用图数量。

2.3 按照实际需要，审图单位提供的审图合格证书，应做好建设单位的归档保管工作，备后续各工作程序交验和竣工资料归档工作时使用。对于审图合格证书的用量问题，事前也应做好准确的统计。

2.4 由设计单位保留审图合格证书（原件数量不够时可用复印件）一份，作为设计单位的施工图设计文件通过审图的依据，同时由设计单位收存送审的相关资料及各项相关的设计计算书。

2.5 审图合格证原件三份，其中一份申报项目规划许可证时应作为必备的附件，交规划管理部门；另一份备做向城建档案馆递交竣工备案资料时使用，还有一份原则上转交设计单位（因建设单位竣工资料也最好有一份原件，故应与之协调提供复印件盖建设单位章）。其他需要审图合格证的工作环节和参建单位可使用复印件，必要时复印件应加盖建设单位公章，并加注“原件存建设单位竣工资料中”的字样说明。

2.6 完成审图收到审图合格证后，应及时按照审图合同付款规定和相关工作程序要求，与审图单位结算审图费用。如发生需复审而产生的审图增补费用，则应另行签订补充协议解决。

3. 本阶段的主要资料工作

3.1 关于设计修改的图纸，凡涉及结构调整，建筑外形尺寸改变等重大变更，设计必须出修改通知或修改图；同时对设计的修改，必须加上设计修改的原因说明。否则审图单位有权不给予修改图进行补审核。对于这一点，最好在设计合同签订时向设计单位交代清楚，有书面记录或在合同条件中补充明确，避免设计人员为回避责任，不出证明，造成审图和施工的延误，产生工程实施中不可预料的麻烦，影响工程推进。对项目管理来说，这是一种管理控制协调工作上的疏漏和不尽职，项目管理人员应该注意避免。

3.2 审图完成后，审图合格证的处理可参照本讲 2.5 点要求和执行，注意审图合格证书的交接应办理签收手续。

3.3 设计单位向审图机构提交审图用地各项计算书，审图完成后应由设计单位收回保存。工程竣工后，建设单位应与设计单位办理委托保管的证明文件，按常规计算书一般应由设计单位保管二十年。代建制或代甲方的项目管理单位在向建设方移交资料时应书面说明这一点，以备工程使用过程中核查相关计算资料时可提供追溯的依据。同时注意，按照目前的新规定，向竣工备案、城建档案馆提交的资料也需提供相关计算书盖设计单位印章的原件，这一点在向设计单位交代工作要求时也应予以明确，早做准备。

3.4 注意收集审图过程中各方发生的协调和成果文件，要及时整理、归档保管，以备检查和编制竣工档案时使用。

第二十一讲　项目建设工程规划许可证办理

内容要点：项目的建设工程规划许可证办理是项目前期建设程序中，报规划审批的最后一道工作，完成后项目即可进行工程实施现场的各项准备工作。因此，一定要切实保证涉及规划工作的质量，使之有始有终地都达到规范要求。本讲主要讲述建设项目规划许可证办理中应注意的事项。

1. 规划许可证的办理准备

1.1 按照项目规划选址、规划方案申报、建设工程规划用地许可证申报的方法，从网上下载规划许可证办理的申请表，逐项按照要求如实填报无误后，进行网上申报，并将申报合格带有条形码的建设项目规划许可证申请表下载、打印，然后盖上建设单位印章备用。

1.2 准备购置即时的地形图 2 份，请设计单位在地形图上标注建设项目的位置，以及道路红线、河道蓝线、绿化绿线等各项规划限制和控制线，并标明拟建项目与这些控制线的距离。具体标注方法在前面规划方案申报的讲解中已经阐述，细节处理应加以注意。

1.3 项目建议书批复（复印件）1 份。

1.4 准备项目选址意见书（规划设计条件）批复（复印件）1 份。

1.5 项目可行性研究报告的批复（复印件）1 份。

1.6 项目规划选址意见书批复及附图（复印件）1 份。

1.7 规划方案批复意见（复印件）1 份。

1.8 初步设计批复（复印件）1 份。

1.9 建设项目规划用地许可证（复印件）1份。

1.10 项目建设用地批准书（复印件）1份。

1.11 人防办人防建设费缴费收据专联，或需建人防工程的审批意见(复印件)1份，人防施工蓝图1份，或按照人防管理要求报送。

1.12 盖审图章的施工总平面蓝图4份（告设计单位提前准备）。

1.13 盖审图章的全套建筑施工蓝图1份（设计单位提前准备）。

1.14 施工图的分层面积表2份（告设计单位提前准备）。

1.15 施工图审图合格证书（复印件）。

1.16 编制上述递交资料目录1份，附在按目录顺序整理的呈报资料前。

为慎重和负责起见，可在提供的复印件下方用黑墨水笔加注“本复印件仅限于申报项目规划许可证用，原件存建设单位”，并盖上建设单位印章（所有复印件的使用均可采取本方法，避免无端复制移作他用而产生不必要的麻烦）。

申报前还应按照规定缴纳人防建设费或办妥项目人防建设的相关手续，取得相关凭证，以备申报项目规划许可证使用。

具体办理时，还应按照申办窗口即时的告知单要求核对后再准备相应的资料，避免届时申报条件的变化而出差错。

2. 申报和审批

当申报要求的资料齐全，即可将所有申报需要的资料整理后送达规划局的受理窗口，点验相关资料。经检查合格后，保存好窗口签发的资料收据，问清办理周期和具体协调联系的方法，以便及时协调审批检查中初相的相关问题。同时，保管好窗口签发的资料送达证明。

规划局经办人员完成建设项目规划许可证以后，会通知建设单位经办人前往领取建设项目规划许可证。

所有政府机构审批事项的工作周期均以工作日计算，每五个工作日加两天只是日常计算日历日的方法。同时，工作日从报送资料符合规定要求之日起计算，其中资料不符合规范要求，补充资料的时间不计算在正常审批工作周期的工作日内。因此，在办理政府审批事项准备资料的时候，务必要仔细，保证资料如实、准确反映应申报的条件和情况，保证各项申报工作的质量和工作效率。

完成建设项目规划许可证后，将证书收档保管，应复印发给需使用的单位，如施工监理、施工承包单位、施工许可证颁发机构，保证持证施工的检查符合规定条件。

3. 本阶段的主要资料工作、

3.1 做好申报需要的文件、图纸等资料准备工作。

3.2 做好报送资料目录的编制工作。

3.3 做好资料收发登记签收工作，确保资料收发情况的可追溯性。

3.4 做好本阶段工作周期起止时间的记录，确保工作时效检查和工程大事记记录的需要。

3.5 做好建设项目市规划许可证的存档保管工作。

第二十二讲 施工监理和施工承包招标

内容要点：规划许可证完成办理后，应进行工程施工监理和施工承包的招标、比选及确定中标单位的事项，这是后续报监程序前必须完成的工作。本讲主要说明这两项招标工作的注意事项，具体招标工作的执行参见第二篇有关招标工作管理的相关内容，以保障建设方和建设项目各参建方所关注的核心利益能切实得到落实。

政府投资的工程建设项目，其施工监理和施工承包单位应经过公开招标的方式确定。本讲主要阐述这两项招标工作过程中应注意的有关事项。

1 .施工监理招标过程中应注意的事项

1.1 招标时机的选择。因项目可行性研究报告已经批复，施工监理的相关费用已经确定，不会有重大调整。为了加强项目建设过程中的技术管理工作，有条件的实施项目可以先行施工监理的招标工作，以便施工监理早日介入建设项目的技术管理工作，了解项目准备工作过程中相关的技术要求，协助审查项目规划方案、初步设计以及施工图设计文件，一方面保证这些设计文件能够符合工程实际施工的要求，同时也能使施工监理熟悉设计文件的内容和要求，有利于对工程实施技术要求尽早做好准备，并给予完善。总之，充分利用好施工监理的技术力量，为项目的技术管理工作增加一道把关的措施，将工程施工中可能发生的意外技术问题减少到最小程度。

1.2 招标标书的准备。

1.2.1 施工监理的招标除了向投标单位交代项目建设的概况、项目前期工作的执行情况（各项审批文件的执行要求）、工程实施的技术条等以外，应向施工监理投标单位明确工程实施过程中应完成的工作内容。除通常需要施工监理完成的监理工作职责外，在有要求施工监理提前介入的前提下，应明确施工监理协助并参与规划方案、初步设计和施工图设计文件的审查。

1.2.2 施工监理的费用报价应控制在可行性研究报告批复匡算的施工监理费用指标范围内，并争取有所优惠。而这种优惠应在满足实际需要、可行的前提下得以兑现。有关施工监理的费用问题应事前与项目财务监理协调，确定控制原则，并将施工监理费用包括的计费范围、编制方法编入招标书中，避免交代不清晰而产生执行中不必要的矛盾。

1.2.3 鉴于目前工程施工质量监督有需要施工监理对现场使用的材料进行平行检测的要求，为此由此发生的平行检测费用应包括在监理费用之内。这一点必须在招标书中予以明确，避免施工监理实际操作中发生平行检测费用支付的矛盾。

1.2.4 由于工程实际推进中可能发生工期延误的情况，这在一般施工监理合同中都有施工监理可提出索赔的权利，以及索赔费用的计算方法。但是在实际操作过程中，经常因为种种原因得不到落实。一方面项目管理需做好项目实施条件的准备工作，避免因建设方原因发生工期延误的情况，同时也因明确委托方（即建设方）有协助施工监理向工期延误责任方追索工期延误损失赔偿的义务。为此，为了保证这项权利落实，在建设方与其他参建单位签订的委托合同中，相关延误工期所应承担的赔偿责任也应对应予以明确，以便建设方和各参建单位的责任和核心利益都能够得到落实和保障。

1.3 招标阶段的工作按照招标的相关规范要求，由招标代理进行操作，注意检查标书内容，满足工程实施和规范要求即可。

1.4 招标工作结束后，注意以下工作。

1.4.1 招标中标通知书发出后，有关施工监理介入工作的要求（施工监理中标告知书）应事前做好准备。若条件许可，应事前将有关施工监理的各项工作要求编入招标书中。中标后应再强调一次，保证相关工作责任能够切实落实。

1.4.2 督促施工监理单位及时做好监理委托合同的备案登记工作，备案前需要借予新项目 IC 卡时应办理借用手续，并及时督促归还，防止遗失。

1.4.3 备案登记手续注意复制保存，以备项目建设程序执行检查时使用。

1.5 招标资料工作。招标资料应由招标代理单位进行收集整理，招标工作结束应向代理单位索取装订成册的施工监理招标汇总资料，收归档案保存、备查。

2. 施工承包单位招标过程应注意的事项

按照规定，施工承包单位的选择也必须经过公开招标。由于项目建设进度计划执行的需要，有时会将招标工作提前到初步设计审批完成后马上进行。这对于不复杂的工程可以按照初步设计文件招标。由于初步设计文件对工程细节的要求交代尚不十分明了，可能涉及工程报价会产生一定程度的差异。为此，编制标书和实物工程量清单时要充分考虑可调整的合理余量，保证在计划指标内完成工程报价的核定，避免工程结算时造成投资目标管理失控。

2.1 施工承包单位招标前的准备。

2.1.1 除了工程和建设场地情况的交代以外，关键问题是招标报价的实物工程量清单的编制，要注意考虑周全，避免漏项。特别是按初步设计文件进行招标的工作更要引起注意。工程主要设备的选型，其工作的目的就是为了使设计工作尽可能周全，避免“开天窗”，以暂估价或暂定价充数，影响后期实施过程中进行匆忙弥补措施带来施工协调和衔接的麻烦和投资控制工作的困惑。

2.1.2 施工中标后到正式开工前的各项工作要以告知形式转达给投标单位知晓，必要时应编入招标书中，避免招标时未讲清楚，给实际开工后要增加工作量带来工作协调和造价控制的麻烦。

2.1.3 招标文件在发标、备案前应仔细检查，可委托财务监理、施工监理一起协助审查，保证招标要求能够满足实际施工的需要，则也就是为何财务监理和施工监理要提前介入工作的原因，项目咨询服务单位一个重要的职责就是帮助建设方把好关，并把各项控制管理工作做在事前。

2.1.4 对于招标中暂时难以明确的事项，要充分考虑临时应对方案。临时应对方案应切实予以操作，同时也能有效控制投资目标的范围。

2.1.5 除了一般合同索赔条款外，涉及施工承包原因引起工程延误，其赔偿责任还应包括因施工承包原因延误造成相关建设方委托项目管理咨询服务单位相应延误索赔的经济责任，这一点也应在招标书中明确，一方面督促施工承包单位对施工进度按计划实施的重视，同时增加施工承包单位的责任意识。

2.2 招标过程中，除了按照规定参加答疑、评标外，应注意遵守招标纪律，避免发生违规的情况。

2.3 招标工作结束后的工作。

2.3.1 同施工监理招标一样，施工招标结束后应向招标代理单位索取施工招标的汇总资料，并及时收存、归档，备查。

2.3.2 施工承包单位中标并签订施工承包合同后也要办理合同备案手续，注意 IC 卡借用和归还手续的及时办理。

2.3.3 及时办理合同预付款的手续，并注意保存相关凭据，以备工程报监和办理施工许可证时提供相关资料。

第二十三讲 工程报监和施工许可证办理

内容要点：通过前面二十二讲的程序工作后，施工许可证则是建设项目前期程序工作中，最后办理的一项程序，完成后项目建设即可具备进入施工阶段的条件。本阶段工作必须先办理建筑工程安全和质量监督站安质监站的工程报监事项，报监通过后再向建管办申报施工许可证申请，待建筑管理机构审查所报资料符合条件后，即可发给施工许可。手续办理十分简单，但是所需的申报资料必须齐备并符合要求。

项目工程的施工许可证是项目管辖级别的建筑建材业管理办公室（建管办）负责颁发的，市批项目在市建管办办理，区批项目在区建管办办理。申报办理前应先向项目管辖的安质监站办理工程报监，通过安质监站备案后，即可向管辖的建管办申请办理施工许可证。

1. 工程报监手续

工程报监就是向项目管辖的安质监站提出申请，说明工程施工准备工作已经就绪，接受安质监站对项目施工建设管理工作的监督，并请安质监站给予工程施工备案。这是工程施工前办理施工许可证的前提条件。

工程质量管理尽管委托施工监理实施，但建设方是项目建设的主体，是项目建设安全和质量问题的第一责任人。报监工作是项目建设工程的实施接受政府专业监督，以求工程施工全过程确保在政府专业机构的监控下，切实按照规范操作，这也是建设方的一项责任。

目前一般情况下，为了提高施工总承包的对工程施工的责任性，保证施工质量符合施工规范的要求，并能在开始施工前的第一时间使政府的监督机制得到落实。此项事务可以交代施工总承包单位、施工监理共同协助建设方完成报监事宜。

工程施工报监应准备和提交以下资料。

1.1 书面报监申请。

1.2 项目初步设计批复。

1.3 项目规划许可证。

1.4 全套盖有审图合格印章的施工图纸。

1.5 工程结构设计计算书。

1.6 施工监理中标通知书。

1.7 施工总承包中标通知书。

1.8 经备案的施工监理合同。

1.9 经备案的施工总承包合同、安全施工合同及廉政协议。

1.10 经施工监理确认的施工总承包的施工组织设计。

1.11 地质勘查（详勘）资料。

1.12 外来劳务工相关社会保险费缴纳证明。

1.13 渣土清运合同。

1.14 临时排水验收及纳管证明。

1.15 经施工监理检查、验收合格的各项安全、质保措施落实情况的说明。

1.16 根据质安监站检查资料的情况，及时补充安质监站要求的其他资料(此项工作应在申报前与安质监站协调，做到同时一次报齐，保证报监资料一次审查通过，提高工作效率)。

1.17 同时勿遗漏应编报、递交全部资料的目录清单。

报监资料合格，安质监站接受申请后，等待安质监站安排第一次安质监站工作交底时间的通知。

2. 申报施工许可证手续

从网上查找施工许可证申报表格，并打印后做草表。然后根据填报要求，逐项如实填报，填报后应仔细核对无误后，再进行网上申报。当申报后页面出现“申报通过”后，下载通过并有一组条形码的施工许可证申请表，并打印和盖上建设的单位的印章后备用。

3. 申报需要提供的资料

3.1 批准的项目报建申请表及项目 IC 卡。

3.2 通过网上申报，下载打印页首有条形码并盖有建设单位印章的施工许可证申请表。

3.3 项目可行性研究报告和初步设计的批复。

3.4 施工监理中标通知书。

3.5 施工总承包中标通知书。

3.6 项目建设用地批准书。

3.7 规划许可证批复。

3.8 盖有备案章的施工监理合同。

3.9 盖有备案章的施工总承包和安全合同，以及廉政协议。

3.10 施工总承包单位使用民工缴纳社会保险的证明。

3.11 建设单位的项目专业开户银行的账户资料。

3.12 第一笔工程款支付凭证（原件和复印件）。

3.13 审图合格证书。

3.14 排水处对施工临时排水设施的验收合格证明和允许施工临排纳管的证明。

3.15 通过安质监站检查签证认可的报监表。

3.16 通过渣土管理部门认可的渣土清运证明。

3.17 根据申报要求提供全部资料及清单目录。

4.申领施工许可证

将上述资料按照申报资料目录顺序整理后，向建管办窗口办理申报手续。如果所报资料符合要求，即刻就可以办理施工许可手续，并很快就可以领取施工许可证。

5.施工许可证的管理

完成申报后，经办人员应将领取的施工许可证交资料员收存、登记、归档，并将复印件按照预先拟定的分发方案发给各使用单位。

6. 本阶段主要资料工作

6.1 准备申报施工许可证的资料。

6.2 进行网上报监和申报施工许可证手续，下载、打印通过网上申报的施工许可证申请表，并将其复制备存。

6.3 编制、打印申办施工许可证资料目录，并按目录顺序整理申报资料。

6.4 将所有资料交经办人员，并一一清点、签收。

6.5 收回经办人员领回的施工许可证，并按照规定制作复印件。

6.6 将批准的报监申请表和施工许可证复印件按照计划规定发给有关单位，并做好签收登记手续。

6.7 归档保管报监申请表和施工许可证，以备施工过程检查和整理竣工档案时使用。

第二十四讲　工程施工前的准备

内容要点：当前期程序工作结束，工程准备开工前需进行的各项准备工作。此时，准备事项众多，初步统计有十四大类的工作要做。都需要建设方和项目管理者予以关注，做好统筹和细致的安排，要求和提醒参建各方给予配合，避免疏漏影响工程实施计划的落实。

虽然获得项目施工许可证已标志项目前期审批程序工作结束，但是从施工监理和施工总承包中标签约起，工程施工条件的准备就可以视现场条件逐步完善的情况，在不违背建设程序规定的前提下，开始逐项进行。如相关中标告知书发放时，可通知施工监理和施工总承包进行人员、设备、工具器材、物资等进驻现场的准备工作，同步进行项目施工组织设计和首先要实施的分步分项工程施工方案的编制、审查。当建设项目的规划许可证批复后，即可进行建设用地范围土地和规划测量、地下障碍物清理、场地平整、坐标和水准点的引入、现场放样验线。当施工图审图结束，就可以协调和安排施工图会审和设计技术交底的工作。施工监理和施工总承包合同签约、备案后，即可进行工程建设报监，联系并协调质监站进行首次质监交底的时间；同时联系并落实建筑材料检测单位，签订委托检测合同；同步还可以进行委托竣工资料编制单位的工作，明确工程竣工备案所涉资料在工程日常管理中应注意的工作要求，等等。各项施工前必须进行的准备工作，都可以根据前期各项工作完成的情况逐项有序开展。此时建设方和项目管理应根据实际情况，系统平衡相关各项工作的计划进度，保证各项准备工作能够在工程开工时间目标前，以最短的准备周期予以完成，这也是检验项目管理工作能力和水平的关键点（本阶段工作程序可参考文后的准备阶段工作程序示意图）。如果所有施工前现场准备工作都要等施工许可证办理完成后进行，则显得教条、呆板，所需的准备工作时间也会更长。因此必须在掌握和根据项目建设前期各项工作的要点，运用运筹学的概念，系统地协调好各项准备工作并予以落实，有助于工程施工顺利展开和提高工程施工推进的效率。

1. 项目施工前各项准备工作的具体做法

1.1 中标告知。为了避免忙乱出错，工程准备开工，施工现场有许多准备工作，必须充分准备，通过经过精心考虑编制的中标告知，要求各中标单位进入现场后应做的各项工作和具体的执行要求及时间节点。如应通知施工监理履行施工现场全面管理、协调的职责，根据各项准备工作的先后进程的需要，督促和检查施工承包单位编制准备工作进度计划，以及相关施工准备工作的落实。具体告知事项可参阅本讲后附件的施工监理和施工总承包告知书。

在明确各参建单位后，建设方和项目管理应召集参建各方，举行布置现场准备工作的会议，交代参建各方在施工准备期间的工作要求和职责，布置各参建方在施工准备阶段的工作要求，并做好会议记录。参建各方工作要求明确后形成告知文件，发给有关各方执行参照。工程施工建设一开始就输入规范化管理的理念，有要求、有标准，就可藉以对照检查相关工作落实的情况，并可评估各参建方执行工作的质量高低，使工程施工的项目管理工作开好头。

1.2 三通一平。当建设用地批准书下达，并取得项目建设用地的土地使用权证后，建设方即可组织施工现场的三通一平工作，原意是水通、电通、道路通和场地平整。根据目前施工基本要求，应可细化为上水通、下水通（包括雨水和污水通）、供电通、电话通（有条件的另应完成网络通）、道路通，以及场地平整（包括地下障碍物清理），实际需达到施工临时使用条件的“五通一平”或称“八通一平”。

这些工作在有条件的情况下，应尽量考虑并协调相关市政工程单位的支持和配合，让施工临时使用的市政管线与项目竣工后正式使用的市政管线结合起来施工，可尽量节省需建设方投入的临时设施费用支出。

场地平整可以委托中标的施工总承包单位实施，并在投标标书中考虑相关费用，一次报价承包。也可另行委托专司场地平整的施工单位进行，关键是必须确保安全，并切实按要求做好地下障碍物清理、场地平整和相关拆除工程。明确清理、平整和拆除工作，以及绿化搬迁、复种等工程量的核定和计费方法。为方便和有序进行现场管理，应尽量减少多个施工单位在现场同步交叉作业，避免产生施工矛盾和增加施工中的不安全因素。

当委托施工总承包中标单位实施的，可在招标中提出相关要求，明确计费方法，或通过踏勘现场的要求，实行一次报价，闭口承包，用竞标的方法，力求降低三通一平工作的费用。实践证明，在条件基本明确的前提下，并具备合理的计价方法，这种做法也是可行的。

在委托场地平整时，还应明确清理地下障碍物的工作要求，避免施工时再次发生不明障碍物清理的需要，引起处理手续上的麻烦和施工准备时间的拖延。因此，场地平整前一定要先调查清楚地下管线和障碍物的情况，那些是要保留或废除的，哪些需要改道的。对于需要改道的，应事前联系相关管理和使用单位，做好相关管线的迁移工作，并做好因施工暂时停止使用的准备，避免影响相关设施的正常运行。迁建设施完工后，对需已搬迁或保留的管线、设施，还应做好相关竣工资料的整理和变更调整工作，保证日后正常的启用和维保工作的开展。同时，在管线搬迁改道施工期间，还应注意相关安全措施的落实。此时，有经验的施工承包商会提出“地下障碍物情况表”，要求建设方予以填报和确认，建设方也应该安排和做好这项工作，保证施工方有计划地做好施工准备工作，并对可能发生情况事前做好相关应对措施的充分准备。

在场地平整的工作前，施工监理必须到位，监督场地平整的质量，见证平整前后地形地貌变化及相关工程量的数据检测、核准，确保合理、准确提供应计工程费用的依据。

上述这些工作的情况应注意与投资监理协调，要求他们及时掌握

工作要求和工作计划的推进情况，及时进行申报工作量的核算、签证确认，以及相应应计款项的支付审核工作。

1.3 用地范围测量、规划测量和放线验线工作。建设项目用地范围测量是土地测量单位的工作，称作“拔地定桩”。应在操作条件符合要求的情况下，事前联系土地管理部门确认有资质的土地测量单位。按照建设用地批准书的图示要求，通过测量后要提供用地范围测量报告。此事应尽量与前土地权属调查报告的测量衔接起来，检查、核对两项工作的成果是否一致。若有差异，检查是否符合相关事项推进演绎的逻辑。对于可能发生的矛盾，应及时联系土地管理部门予以明确，避免发生错误定界以影响后期工程施工，使工程实施计划受到影响而

拖延。对于地下不明障碍物的清理，因为这项工作具有随机性，一般不可能在招标时十分明确，故施工监理应做好现场检查确认，及时办理签证，保证为这部分施工工作提供合理和准确的结算依据。

施工监理还应协同施工承包单位做好场地平整前施工场地的原始标高测量确认，以便计算场地平整的土方工作量，保证此项结算依据的准确。

在场地平整后和施工前，需请规划部门到现场进行规划红线的测量和标定工作，确定控制项目建筑物的规划红线位置及走向，为项目建筑物放线定位提供参照、鉴定的依据。

上述土地和规划两项测量工作，都需现场事前准备定界使用的木界桩。完成定界后要做好界桩的固定和保护工作，做好界桩校验、复位的辅助测量措施（一般采用两标距离定位法）。万一当界桩损坏或失落，可以及时采取补救措施，保证定界状态不变。对于界桩校验、复位的辅助测量措施的定点，一定要选择在相对稳固不易变动的建筑物、构筑物，或其他相对稳固且不易受外力影响的相对永久性物体上。

施工前，在完成上述工作的基础上，还应及时向规划部门申请办理工程实地放样的验线工作。此项工作需施工中标单位将施工总平面图的工程定位要求，落实到实际允许用地范围的施工场地中，然后由规划部门的稽查人员到现场比照施工总平面图的定位要求进行核验。主要核验规划放线的内容如下。

1.3.1 项目用地定位符合批准的建设用地范围要求。

1.3.2 工程实地放样距红线距离及误差符合规划控制线要求。

1.3.3 工程建筑拐点实地放样符合标注的规划红线退界要求。

1.3.4 工程实地放样符合绿化退界要求。

1.3.5 工程实地放样符合河道蓝线等控制线退让要求。

1.3.6 工程实地放样符合其他各项专业控制距离的要求。

在此基础上，规划稽查人员会在施工申报放样验线的申请表上签署验线合格的意见，工程施工就获得规划审查验线通过的依据。

这里重申一个需注意的细节，在前面选址、方案、初步设计和规划许可办理申报的讲述中，已经明确要求设计不要在工程总平面图的同一侧建筑边线上进行多个建筑物拐点的坐标和红线距离标注。只要控制对离红线最近距离的拐点标注，说明同一侧建筑设计的其他拐点都符合红线退让距离即可。施工单位在这个问题上也要引起注意，一定要注意避免放样工作发生多点定位误差率升高而难以纠偏的情况，这样将会影响规划验线的顺利通过。

1.4 审查施工总承包的《施工组织设计》。《施工组织设计》是施工总承包单位对所承包工程进行全面规划和系统组织的工程施工纲领性文件，包括编制依据、遵循的相关法规和要求、工程施工管理的机构、工程施工管理的各项制度、安全和质量的保证措施、项目施工进度计划、项目投资控制的责任及配合工作、专项施工的措施、施工机具、各类报表和程序的管理、施工现场布置、主要施工方案等内容。这项工作在施工总承包投标书中已经进行初步申报。在签订施工承包合同后，施工总承包单位应根据现场的实际情况和建设单位的要求，对工程投标标书中的初步《施工组织设计》表述作再次全面完善、调整和落实的承诺，并针对项目现场的实际情况进行详尽措施补充。《施工组织设计》是施工承包单位对承建工程实施管理的纲领性文件，也是建设方、项目管理、财务监理、施工监理对照检查的依据。但是，除意外突变情况外，施工的基本措施、工程的投资投标报价和相关措施费一次包定都不应发生改变。一旦施工总承包单位中标以后，必须根据投标的承诺、合同规定义务、现场踏勘的情况、施工图纸的要求、建设方的告知，以及相关规范要求，尽快进行正式实施的工程“施工组织设计”编制调整。并在项目施工前完成“施工组织设计”的全部内外审查工作。这些审查工作包括施工总承包单位内部的各专业部门审查程序，以及建设方和项目管理咨询方，包括施工监理、财务监理、项目管理的审查程序。

有些小型工程的施工承包单位往往认为因项目小而疏于《施工组织设计》和《施工方案》的编制、申报工作，给工程施工做好事前控制造成极大的依据缺失，容易产生施工的随意性，难以保证工程安全和质量的责任追溯，所以务必督促施工监理做好《施工组织设计》和《施工方案》的事前申报和审查工作。严格执行《施工组织设计》和各项《施工方案》必须获得施工监理和建设方批准后，方可准予施工总承包付诸实施的制度。

1.5 建设方及相关咨询服务单位各自对《施工组织设计》审查要点如F。

1.5.1 施工监理应审查。

1.5.1.1 施工依据是否完备，施工文件是否已经由施工监理采取了受控管理的措施，并按照规定发给施工承包单位。

1.5.1.2 施工组织机构和人员配备是否符合实施项目的各项管理要求。

1.5.1.3 相关人员是否具备规定必须持有的上岗资质，相关资质资料是否已经申报，原件和复印件是否已经核对无误。

1.5.1.5 检查施工安全措施是否充分、必要、完备，以及落实措施的可操作性和施工人员的安全教育是否落实。

1.5.1.6 施工质量的各项控制措施是否得到保证。

1.5.1.7 劳动力使用和安排是否符合政策规定和符合实际施工进度及满足所能提供的工作面需要。

1.5.1.8 施工总平面布置、临时设施搭建是否合理、合规，满足安全施工的要求。

1.5.1.9 现场施工机具配置是否符合施工实际的需要，并获得准用许可，相关安全和维保措施是否落实。

1.5.1.10 各项施工管理制度是否与施工管理要求相符合。

1.5.1.11 其他各项与施工安全、质量、投资、进度相关的措施是否考虑充分。

1.5.2 财务监理应审查。

1.5.2.1 《施工组织设计》中提到的各项措施是否与投标中标的标书内容相吻合，能否保证措施费用的合理使用和有否降低中标既定措施标准而需要调整的情况。

1.5.2.2 有否可能变更，影响投资调整，特别是扩大投资需求的隐含诉求，避免产生应有的措施不到位而增加措施费用的情况发生。

1.5.2.3 工程款支付的条件和审批流程是否符合项目投资管理的相关要求。

1.5.2.4 工程变更要求的履行程序是否按照规定要求执行。

1.5.2.5 工程实施情况定期申报是否按照项目管理的相关规定进行安排。

1.5.2.6 其他涉及项目投资发生变化的工程各项情况及措施与符合项目投资控制的要求的情况。

1.5.3 项目管理应审查以下内容。

1.5.3.1 《施工组织设计》对应招标要求、投标承诺是否履行承诺，施工监理和财务监理是否按照要求完成对《施工组织设计》的审查，并完成相关的调整。

1.5.3.2 项目施工的各项安全、质量、投资、进度控制的措施是否明确、落实。

1.5.3.3 各参建单位在审查中是否发现矛盾，应协调和整改的措施是否合理，有否增加费用支出，并得到合理的处置。

1.5.3.4 相关审查程序的执行是否正确，有否需要重申、进一步协调和明确的问题。

1.5.3.5 结合开工初期进行的桩基或基础工程，其施工实施方案是否与施工组织设计同步完成并通过相关的审查。

1.5.3.6 其他与项目管理职责相关的管理、协调工作在施工组织设计中应反映和落实的情况。

1.5.4 建设方应审查。项目管理、施工监理和财务监理是否完成对《施工组织设计》和最先实施工程《施工方案》的审查，并已经就存在的问题进行调整和整改。

上述各项目参建单位对《施工组织设计》审查虽有专业职责和层次的分工，但也允许在具备专业条件和相关专业知识的前提下，有跨职责界限提出问题的义务，目的是共同完善施工总承包单位的《施工组织设计》，使之符合项目施工的实际需要，保证工程施工、项目结算有据可依，工程施工顺利。

各参建咨询服务单位审查后均应提出审查意见，经施工总承包对《施工组织设计》进行调整后，按施工组织设计审批程序流转后，报建设单位审批，并将最终审批意见发各参建单位执行。

与此同时，建设方和项目管理应检查各参建单位的各项施工前准备工作是否按照计划要求执行（包括工程材料、质量的检测委托是否落实、用地范围和规划放线验线的工作是否按照要求完成、投资控制的目标制定及相关控制措施是否准备齐全、现场应布置的各项告示和警示标志是否符合要求并予以落实、现场的交通组织是否符合施工组织要求并达到安全通行的要求等）。

1.6 施工临时用水、用电、排水设施和临时系统的准备。当施工场地尚未接入项目正式水电和排水，同时正式水电计费也可能与项目投入使用后的计费标准不一致，所以在施工单位进入现场同时，必须向水电供应部门申请接入临时水电设施和排水设施，并做临时用水、用电的表计安装。

1.6.1 临时供电。

1.6.1.1 临时用电是以建设单位名义准备申请报告和向辖区供电部门递交的书面申请。

1.6.1.2 申请前应向施工承包单位索取施工用电设备名称、数量、功率，并统筹安排各类电器用电时段，计算用电峰值，确定最高用电负荷，再加上必要的余量，作为申请临时用电申请容量。同时按照供电部门要求，填好用电设备、容量明细表备报。

1.6.1.3 协调。临时用电现场外线路尽量考虑与正式供电线路一次施工，避免两次施工支出过多费用。现场外线路施工可在项目投资概算“三通一平”费用指标内支出，场内临时供电系统由施工承包单位在承包工程费用的措施承包费中支出，不另行计费支付。

1.6.1.4 供电部门接受临时供电申请后，会到现场踏勘，确定临时供电接装位置、接装方案、进行工程设计、准备工作计划、确定停电接装时间。此时，建设方应通知施工监理督促施工承包单位做好现场的各项配合工作。

1.6.1.5 供电部门安装临电变压器、配电柜或临时箱式变压器及相应的计量表具后，建设方应做好变配电设施防护措施的工作。如事前按要求建造临时变配电房、围护网，布置安全防护标志，检查配电房锁具安全、落实专人管理等工作。

1.6.1.7 场内供电由施工总承包单位按照施工监理批准的施工组织设计，进行施工布置，为了确保安全，必须严格按照规范实行“两级控制、三级配送”，即总配电箱、分路控制柜两级控制，再加上接电器（即施工专用接线箱，施工现场禁止使用普通家用拖线板），地埋线路必须使用安全电缆，有重载通过的地方，必须加钢套管保护，架空线路必须布置在安全、不易为人接触的地方，并有一定的安全高度，结实固定。同时，所有供电线路相关位置都必须安全接地并加装安全警示标志，这些工作应都由施工监理负责检查落实，建设方及项目管理人员等现成各方参建人员也应知晓，以便共同监督检查。

1.6.1.8 由施工监理组织、建设方代表、施工承包单位参加，必要时财务监理也可参加，对安装完成的施工临时供电设施进行安全检查；同时共同见证和记录供电计量表具的初始值，作为向施工总承包单位计算电费的起计依据，以便准确抄表、计量。施工电费由施工总承包承担，并按施工合同规定按月支付，或经施工总承包确认后在应支付的工程款中扣除。

1.6.1.9 订定安全用电制度，将安全用电教育作为全员安全教育的重要部分，并做好教育记录，确保安全用电措施落实。同时，施工监理应经常组织检查，制止违章用电行为，及时修复受损线路，并做好例行检查记录；检查施工单位的安全工作和检查的维保记录，保证施工监理记录与施工单位记录的对应性。

1.6.2 临时用水。临时用水操作方式原则上同临时供电，不另详细说明。

1.6.3 临时排水。临时排水也由建设方提出申请，但事前必须由施工总承包单位按照施工组织设计的原则，绘制施工现场的临时排水图，报排水处审查，批准后方可由施工总承包单位施工。注意工地厕所、厨房污水处理设施按规定设置和施工，经排水处检查验收合格后，方可使用，注意污水排放系统定期疏通，同时采用明沟排放污水管道，敞口应加盖可泄水的盖板，保证施工现场安全和文明整洁的场容。

1.6.4 临时通信及其他临时设施。临时通信包括临时网络、临时有线电视，应根据现场建设方能够提供条件的设置，注意内场费用由施工总承包承担，施工、使用要确保安全，加强使用的检查管理，防止违章、违法行为发生。费用由施工总承包自行在合同的包干费用中承担。

1.6.5 施工用电用水的计费方法。施工单位进入施工现场开始进行施工准备前，建设方应将供水、供电的接口提供到施工用地范围内的边界线附近，施工临时用水、用电按照施工承包方的《施工组织设计》自行施工敷设，并安装相应的计量表具。此时，施工监理应见证和记录计量表具的初始值，并将记录值备案存档备查。水电用量从此开始按照招标合同的计费方法计算，所有水电费用由施工承包方向建设方交付，或在相应时间段支付的工程款中扣除。在工程款中扣除的，施工监理应见证表计的用量，在核定当期用量数值签署确认意见后，转交给财务监理。财务监理则应在工程款支付审核意见中对扣除水电费加以说明，项目管理应进行核并报建设单位审批后，对申请相应款项的事项即可进入实际支付程序。施工承包单位使用的水电费用列入施工承包单位合同中承诺一次包干的施工措施费用中，建设方不承担施工总承包在施工现场使用任何临时设施所发生的一切费用。

1.6.6 临时设施搭建施工。如果项目先进行桩基施工，有影响临时设施搭建的情况或现场施工条件有限的，目前可以由桩基施工队伍准备集装箱式的临时施工措施解决。这在招标中应予以明确，费用有施工单位承担。这样可以缓解施工场地临时工作和生活场所使用的困难。

临时设施搭设有以下事项应请建设方、项目管理及委托的施工监理特别注意。

1.6.6.1 现场搭设的试块养护室，必须符合试块养护的条件，水源、空调、防水照明、温湿度计、养护室工作制度、养护室专管工作人员铭牌，现场条件记录本等都应一一齐备。委托养护的除外，但也应有委托养护的相应管理制度。

1.6.6.2 现场民工宿舍，应与施工区域隔离开，保证冬季保温、夏季避暑需要的基本条件。安全用电事项除制度和管理教育外，应在设施的措施上加强限制条件，如临时二层建筑的楼板安全荷载、室内用电的限流装置等，防止临时建筑超承载负荷和超电流负荷使用等一切可能的意外事故发生。

1.6.6.3 施工单位进入现场就要进行临时设施搭建（包括临时施工管线敷设），费用在投标的临时设施费中一次性闭口承包解决。在施工临时设施前，施工监理应先在审查施工组织设计的基础上，针对施工现场布置图，确认临时设施搭设位置的可行性，确认不妨碍工程施工、施工现场材料周转人员安全出入的前期下，可以批准实施。

1.6.6.4 项目管理应督促施工监理检查临时设施施工的安全性、可靠性，在不影响工程施工进度计划的前提下，可分阶段完成相关临时设施的搭建。对租用的临时住人设施，施工监理要检查专业制作和安装单位的资质和合格证书，并具备安全生产许可证。

1.6.6.5 施工排水的设置应由施工承包单位先提出临时排水方案和施工图，由项目管理的配套工作人员报管辖的水务局排水管理处审批，通过审查后方可进行临时排水工程施工。为了确保环保要求的贯彻，雨水污水必须分别设置，污水必须排入规定污水处理设施。对此项工作，项目管理应督促施工监理监督施工承包单位按批准的排水方案实施，并在临时排水系统完成施工后报排水处验收，合格并准予纳管后方可投入使用。

1.6.6.6 施工监理应监督临时用电设施都必须安全接地，确保施工期间的用电安全。施工监理应做好监督施工单位安全用电定期检查的制度的落实，保证做好检查记录备查。另外，施工监理应检查和督促施工临时用电各项安全措施的落实，包括宿舍用电限流设施的安装等，确保施工期间的安全用电。

1.7 委托工程材料的质量检测。工程材料进场的质量检测是保证工程质量除施工质量外的重要措施之一。委托专业材料（第三方）检测单位的工作要求如下。

1.7.1 选择有资质从事材料检测的单位。这项工作对负责质监的管理部门有一定要求，希望与质监部门协调，落实检测单位的选取，必要时还应进行比选。在规定的工作要求前提下，选择符合项目管理要求，报价合理，且在费用达到能够控制的前提下进行确定。

1.7.2 材料检测单位应该由建设方委托，目的是避免施工方与检测单位的不正常工作关系，影响检测质量的准确性。检测费用由建设方支付，在实际操作中，一方面由于检测费用的甲方支付，会影响建设方项目管理费额度的控制。另一方面质量保证措施是施工总承包的职责，相关费用应包括在施工总承包的措施费用中。因此在施工招标时，应明确施工承包方投必须承担检测费用，并包含在措施包干费用指标内，委托工作由建设单位负责，并予垫付。在项目结算时，由建设方按照委托检测合同先期垫付相关检测费用，转给施工承包单位，或从应付工程合同款中扣除。这项工作务必在施工招标中明确，避免扯皮。由于建设方对检测结果产生疑虑，可要求对相关材料或器材进行复测。复测结果与原检测结果基本一致，则复测费用由建设方承担；如复测结果与原检测结果不一致，或属于不合格，则复测费用由施工总承包承担。相关器材应在施工监理监督下清退出现场。

1.7.3 委托检测工作的范围涉及工程实施过程中全部材料、部件的质量检测和材料试验。可能有些材料检测单位不能完成全部的测试工作，按照相关规定，一个项目不能同时委托两家检测单位的要求，确定的检测单位可以将不能检测的项目转委托其他有资质的检测单位，相关收费标准也应符合规定的收费标准要求。这可避免肢解应委托的事项，造成可能有经不起检查的工作事故发生。

1.7.4 所有检测费用的确定必须得到投资监理的审核、确认，并报建设方审批同意。

1.7.5 检测费用如因涉及工程实施周期较长，可以采取预付和定期结算的方法，但必须贯彻按规定要求进行检测的原则，不得漏项。由建设单位负责支付的，应执行不超过控制指标和完成测试项报告后进行结算、支付的原则，具体操作则由财务监理监督并执行，施工监理应对所需检测项目进行确认。

1.7.6 检测合同应送施工监理和财务监理审查、备份，由施工监理督促检测工作按照计划执行，并按规范要求进行见证、取样，检测报告必须交由施工监理备案，并在施工监理、施工总承包的竣工资料中得到规范的反映。

1.8 投资控制实施中的协调。施工总承包单位进入现场后，项目财务监理应组织有相关参建单位参加的投资控制专题会议，交代预先准备好经过建设方批准的建设项目投资控制、流程，控制的时间节点、工程款支付、工程变更、签证等的要求，并对施工承包递交结算文件中计算条件不符合要求或不完善的部分进行协调处理，直至施工承包按规范要求整改并签字确认，保证项目推进工作中的投资控制工作达到规范的要求，并经得起任何管理机构的审查。

1.9 施工图会审及设计技术交底。施工图会审和项目设计技术交底是两项不同概念的工作，不能混为一谈，前者是为后者工作的准备，是后者工作有序、顺利开展的基础条件。

1.9.1 施工图会审。施工图会审是施工前由建设单位或项目管理组织的一项重要的技术工作，在缺乏工程综合技术条件的前提下，可要求施工监理介入项目的技术管理工作，这应在委托施工监理工作的过程中予以明确。会审的主要工作是由施工监理组织建设方、项目管理、财务监理、施工承包单位对准备实施的施工图纸进行检查，再将检查的问题进行分类整理、汇总，交设计单位给予解答处理。

1.9.1.1 施工监理审查图纸工作的要点。

① 设计图纸施工是否符合设计、施工规范的要求，施工监理能否进行相关的监督工作操作。

② 施工图中的节点详图是否与实际施工操作要求相吻合；

③ 施工图中各定位点的坐标和高程标高是否与规划要求相互一致，重点控制是否超出规划要求情况。

④ 建设方的功能要求是否得到兑现，相关标准执行是否有超出规定要求现象。

⑤ 施工图总说明和各项专业说明是否完备，有否存在矛盾或差错需要调整的地方。

⑥ 引用的标准图集是否准确，是否能够进行操作。

⑦ 其他与施工图实施相关的问题。

1.9.1.2 施工总承包单位检查图纸的工作要点。

①　施工图与招标的图纸是否存在差异需要明确和调整。

②　施工图及相关节点详图是否吻合、合理，有否需要调整的内容。

③　施工说明是否清晰，是否能够符合操作和准确计算工程量的要求。

④　施工材料选择是否合理，是否符合市场采购的条件。

⑤　施工图涉及的措施是否与招标要求相符合（施工总承包已经在投标书中承诺的除外）。

⑥　施工图确定相关点坐标、尺寸、标高是否与规划许可证批准要求相吻合，建筑施工图与其他专业施工图相关部位关系是否吻合。

⑦　施工图涉及的施工措施能否保证施工安全和质量的要求。

⑧　相关的标准图集是否属于当前可执行的时间范围，能否与实际施工要求相吻合。

⑨　有否存在难以操作的施工节点需要设计单位增加节点详图说明的问题。

⑩　其他施工图纸与实际施工可能发生的矛盾，需要设计解答、调整和解答的问题。

1.9.1.3 财务监理审查图纸工作的要点。

①　实施的施工图纸有否与招标图纸不相符合的地方。

②　不相符合的地方是否涉及投资目标的控制。

③ 建筑安装施工材料设备的选用是否符合投资控制的要求。

④ 施工监理和施工承包单位提出的问题，有否涉及需要投资控制进行调整的问题。

⑤ 施工图设计可能影响项目投资控制，需要并建议调整设计的其他问题。

⑥ 针对施工图可能发生的变化，需要投资控制目标进行调整，重新平衡的问题，以及需要增加相关控制措施准备的事项。

1.9.1.4 项目管理审查图纸工作的要点。

① 建设单位提出的功能要求是否符合各项使用标准，并是否在施工图中得到体现。

② 设计单位施工图使用的设计标准是否完备，有否失效和遗漏的项目。

③ 工程施工图设计的尺寸是否符合实际需要的情况，若存在问题，则应提出相关调整的建议、措施和要求。

④ 各项规划要求的尺寸标注是否按照规定的要求在图纸中予以贯彻执行。

⑤ 根据项目管理的技术能力检查施工图纸节点详图与实际施工要求存在矛盾，有否改进的建议。

⑥ 设计文件的文字说明是否规范，能否准确说明具体的实施要求，有否差错需要调整的。

⑦ 所有确定的供电、供水、供燃气，以及弱电接口的位置、标高等基本要求与提供的资料是否吻合。

⑧ 所有专业审查单位提出的，包括绿化设计面积控制、污水排放的设施要求是否符合相关专业的要求。

⑨ 其他项目管理能够处理的事项是否符合规范和要求。

1.9.1.5 建设方审查图纸工作的要点。

① 建设方提出的功能要求是否都在设计中得到体现。

② 各专业审查机构提出的要求是否在施工图中得到解决。

③ 相关参建的咨询服务单位所提的意见是否符合建设方的要求。

1.9.1.6 各参建单位施工图会审完成后的资料整理工作。

① 各单位审查图纸可根据自身的能力，配合工程各项管理需要，跨专业提出施工图中存在难以实施，对保证施工质量缺乏条件或与投资控制超标的相关问题提出疑问，要求设计单位解答或调整。

② 在以上各参建单位工作的基础上，由施工监理加以集中将相关相同的意见合并，按照专业分类，汇总，形成项目施工图会审纪要。通过项目管理和建设方的审查后，发给设计单位作为项目设计技术交底会议的工作准备基础。

1.9.2 设计技术交底。

1.9.2.1 设计单位在签收施工图会审纪要后，应及时组织设计各专业对会审提出的问题进行相关的解答准备；

1.9.2.2 设计交底不仅仅是解答各参建单位对施工图会审后提出的问题，同时应按建设方对设计要求的执行情况介绍设计总体思路、设计中涉及设计和施工规范的情况，特别是涉及设计和施工中的强制性规范情况，以及要求各参建单位在施工中应注意的问题等。因此，设计单位应做好设计交底的书面准备，一方面使交底有条理，同时可作为交底资料转发给各参建单位加以理解、执行。在此基础上再向各参建单位解答各方提出的施工图中的问题。

1.9.2.3 设计技术交底中可能涉及建设方的问题，应由建设方进行解答，必要时应由项目管理、施工监理、财务监理进行相关补充说明。

1.9.2.4 设计院要交代进行设计变更的执行条件、操作要求和设计变更流程的相关规定。

1.9.2.5 设计院介绍在施工过程中服务的承诺，介绍设计院项目总设计负责人和各专业的技术负责人，并明确相关人员的联系方式。

1.9.2.6 编制设计技术交底会议纪要，直接进行现场会签，避免会后相关参与会议方再提出其他议题，造成设计技术交底会议纪要反复审查、确认，影响会议成果无限期推迟形成的时间，给施工实施造成不必要的影响。

1.9.2.7 设计技术交底会议可能遗漏或补充的问题，应在会后以其他书面形式明确，可以作为设计技术交底会议纪要的补充说明；也可以用工作联系单等其他书面形式，补充作为技术、经济调整的依据，但必须是书面的，并需经各参建单位审核确认，由建设方批准的。这样可以避免设计技术交底文件各方反复补充，并由各方反复确认引起技术交底意见迟迟不能形成而影响施工计划的推进需要。

1.9.2.8 其他设计院和其他参加设计技术交底会议的人认为需要在设计技术交底会议上明确的事项。

1.9.2.9 对于会议纪要，设计院应事前做好相应的准备，便于会议结束可以即时草签。会后将草签的文件整理并打印成正式文件，送各与会单位盖章后即可发放至有关各参建单位去执行。

1.9.3.10 注意设计技术交底会议相关资料的收集，均应纳入项目设计与技术管理的档案资料中。

1.10 施工图纸的发放。

1.10.1 施工图纸的发放由项目管理按照设计院提交规定的图纸数量，交由施工监理进行受控处理，并做好图纸受控的标记，避免与非受控图纸混淆。

1.10.2 施工用的图纸发放工作统一由施工监理控制管理。经审图公司盖有审图章的图纸，施工监理单位和施工监理应各持有一套（安质监站在现场检查时必须提供核对使用，另三套审图图纸做竣工资料时用，其中施工监理拥有的经审图合格的图纸可为编制竣工图使用，可以在竣工时转给施工承包单位）；经施工监理受控管理手续的施工图发给建设方、施工监理，项目管理、财务监理各一套，施工单位不应少于四套。

1.10.3 经审图通过的施工图电子文件刻盘后发给相关需要的投资监理、项目管理、施工承包单位各一套，以备项目施工中在电脑工作时使用，也便于施工单位申报各项签证、变更时，做比较精确的申报资料时使用。

1.10.4 变更图纸应按照本讲 1.10.1 和 1.10.2 施工图发放要求和规定数量给予发足，保证实际工作的需要，变更电子设计文件也应设法转发给原图使用的单位。注意变更的电子设计文件在各使用单位的收存和管理，并做好作废电子文件的处理和通知记录。

1.10.5 所有设计图纸和文件的收发，都应办理发文和签收的手续，保证工作文件转移的可追溯性，避免发生扯皮的责任事故现象。

1.10.6 督促施工监理注意做好作废图纸的回收和销毁工作，对于少量作为过程资料需要暂时保存的作废图纸，施工监理应对其加盖“作废”章，并在“作废”章旁用黑色水笔标注变更图的图号。

1.11 竣工资料编制委托及资料专项工作会议。

1.11.1 目前为避免竣工资料送交档案馆时发生不符合规范的情况，一般报送城建档案馆的竣工资料应委托城建档案馆确认的竣工资料整理、编制单位操作。这样可以保证报送城建档案馆竣工资料符合城建档案馆的收档要求，提高工作质量和工作效率，避免报送竣工资料工作的返工发生。

1.11.2 竣工资料委托编制合同应在工程开工前完成签订，以便在项目工程实施时就按照规范规定进行资料的收集、整理工作。

1.11.3 委托城建档案馆编制竣工资料费用在批准的建设项目概算中“竣工资料编制费”项目支出，施工总承包的竣工资料编制费用应在施工投标(商务标)中已经包含，是施工总承包单位在竣工移交时必须做到的工作，所发生的费用由施工总承包投标的总费用中一次性承包，不再另行计算施工单位的竣工资料编制费。

1.11.4 经比选确定竣工资料编制单位后，应请其到现场对相关参建单位介绍竣工资料的编制要求，明确各参建单位在工程实施中管理资料工作的具体要求，配合做好项目竣工的资料汇总、编制工作，保证资料工作的质量达到城建档案馆收存和建设单位存档的规范要求。

1.11.5 竣工资料中的影像资料，可以委托竣工资料编制单位制作；也可根据建设方的条件，项目管理和施工监理等参建的工程咨询服务单位可根据委托要求和相关费用投入的情况自行准备影像资料。自行制作的影像资料具体要求，也应请档案编制单位给予明确，以便保证影像资料的质量符合规范的要求。施工前，项目管理、施工监理、施工总承包应编制资料照片的拍摄目录，确定基本必须拍摄的照片要求，并要求在施工过程中，保证基本拍完成摄的照片及时编制归档，根据实际情况，必须增加的照片拍摄由各单位根据实际工作需要自行确定，但也必须定期汇总到施工监理和项目管理的照片资料中。影像资料应建立专项文件夹，竣工时经整理、刻盘，作为向城建档案馆提交的一项资料。

1.11.6 根据编制单位的竣工资料要求，在召开档案编制的工作会议时，还应明确所有资料完成的目录、资料归档要求和相关阶段完成原始资料时间，并有计划在相应规定的时间内检查、收集、整理相关阶段的工程资料，避免资料工作拖沓，影响整个工程竣工资料的准确性和完整性。同时，为保证竣工资料整理和工程结算的及时性，结合工程结算的要求，竣工资料和工程结算也可分阶段（如分基础含地下工程验收、地上结构工程验收、室内外装饰和安装工程验总体工程验收四个阶段）进行。这一方面可充实日常的工作量，提高工作效率，同时也可使竣工阶段的工作周期得到最大可能的压缩，使项目结案时间有效缩短。

1.11.7 关于资料工作各阶段的工作情况、完成情况都应在相应的会议纪要或有关的专题会议纪要中得到反映。

1.12 开工条件检查。项目开工条件检查应由施工监理负责，项目管理应起到落实的督促和检查的责任。

1.12.1 施工监理、施工总承包的中标备案情况，以及相关专业分包落实的检查情况。

1.12.2 施工许可证以及相关墙体办、渣土处理、施工临时污水排放等相关手续办理落实的情况。

1.12.3 规划放线、验线完成并通过规划检查的情况。

1.12.4 临时设施搭建和临时供水、供电等施工条件验收、落实的情况。

1.12.5 施工现场的施工安全措施以及施工人员安全教育落实的情况。

1.12.6 各参建单位工作人员及施工人员上岗资质检查落实的情况。

1.12.7 施工组织设计及开工后首个单项工程施工方案的编制、审查工作落实情况。

1.12.8 施工现场按照文明施工要求布置的落实情况。

1.12.9 现场施工人员住宿和饮食卫生管理的落实情况。

1.12.10 要求各参建单位完成的其他各项准备工作的落实情况。

1.13 开工仪式准备和开工令签署。根据政府节俭办一切事务的要求，如果需要，开工仪式应尽量从简办理。项目管理应事前与建设方进行协调，以最简形式、最少合理费用为前提，协助建设方做好开工仪式的准备，并再做好项目开工仪式的组织准备。至于施工承包单位自行按照传统方式进行开工的准备工作，应在不妨碍整个开工计划的前提条件下进行，并应尽量避免对周边环境的影响。

根据建设方的特别要求，项目若要举行奠基仪式，这也应与开工仪式一样，贯彻从简办事的要求。视情况许可，可将奠基和开工仪式的安排一起同时进行，努力减少费用和时间的浪费。

开工仪式的目的是起到宣示工程开始动工，介绍工程概况、项目各项筹建准备工作推进和建设程序完成情况，并由参建各方重申对工程各项工作承诺的效果。另外，开工仪式也以开工的专题会议形式进行，由项目管理介绍项目前期工作实行情况，各参建方对参与建设工程的表态，上级和建设方领导对工程施工提出参建各方实施的要求，达到了解工程前期全部程序工作情况，以及工程施工概况和基本实施要求的目的。

在上述准备工作会议和现场检查的基础上，施工监理单位和项目管理在向建设方征得同意后，由施工单位的项目总监签署项目工程的开工令。施工单位即可进行实施项目的施工作业。

1.14 首次质监交底会议。在工程开工前，根据安质监站的要求，必须进行首次安质监工作的交底。安质监站项目工作组到现场宣布项目安质监工作的要求，并将安质监工作要求以书面形式发给建设方、施工监理、施工总承包签收。在接到质监告知书后，各相关单位应认真按照安质监站布置的各项要求，完善工程施工的各项预案和措施，并保证工程安全和质量要求的实施，使工程各阶段的验收工作符合安质监站的要求，顺利通过工程最终的备案验收。

首次安质监站交底会议应通知建设方、项目管理、财务监理、施工监理、工程设计、地质勘查、施工总承包单位及相关人员参加，并签署安质监站的签到记录。会议由安质监站代表宣布安质监站项目组成员，告知安质监工作的规定以及相关工作的纪律和工程安质监要求。会议议程应在会期前与安质监站进行协调明确。首次安质监工作会议要求做好以下工作。

1.14.1 相关的参建单位都必须到现场参建首次安质监会议，各与会单位必须签到，检查应到会议单位的出席情况。

1.14.2 准备项目前期程序的各项审批文件，供安质监站检查前期程序工作进行并完备的情况。

1.14.2.1 项目前期程序的各项审批的批复文件（包括从项目建议书到施工许可证）。

1.14.2.2 提供规划放线验线检查合格的证明。

1.14.2.3 提供施工许可证及相关墙体办、污水排放等手续和准许证明。

1.14.2.4 提供现阶段所有应持证上岗人员的资质证明。

1.14.2.5 提供经备案的施工监理和施工总承包合同文件。

1.14.2.6 提供安全节能措施的落实情况汇报和必要的文件材料。

1.14.2.7 准备获批的施工组织设计文件及相关流转批准的审批文件，包括首次施工的分项或单位工程的施工方案及审批文件。

1.14.2.8 通过审图合格的施工图文件;。

1.14.2.9 地质详勘报告。

1.14.2.10 施工单位对施工人员投保的情况及相关证明等。

1.14.3 配合安质监站人员在会议和现场实地检查各项开工准备工作的情况。

1.14.4 签署会议纪要及签署各参建单位保证按照安质监站要求一起按规范施工的承诺书;

1.14.5 由安质监站交代其认为必须交代的其他安质监技术工作。

会议一般可安排在施工总承包临时办公点的会议室举行。同时，与会各方代表应将项目程序审批资料，监理大纲、细则，施工组织设计、前期施工方案各项管理制度，施工上墙资料等准备妥当，以备现场检查使用。

2. 各参建单位在施工准备阶段的工作职责

2.1 项目管理在施工前准备阶段的工作职责。

2.1.1 鉴于项目准备工作众多，项目管理必须制订项目施工准备的工作计划，统筹协调施工准备各项工作的时间要求及相互衔接关系，并按照计划要求检查各项工作的落实情况，协调、处理和解决执行过程中产生的矛盾，避免各项工作发生衔接不顺畅、不顺利的情况，保证整个施工准备计划的如期推进。

2.1.2 做好相关工作的记录，及时按照工作推进计划检查落实的情况，及时纠正不按计划执行的情况，并根据实际情况合理调整工作计划（包括相关资料的收集、整理）。

2.1.3 检查财务和投资监理的投资控制准备工作情况，保证项目的工程施工一开始就将投资控制工作纳入重点目标加以管理。

2.1.4 检查各项安全措施制订和针对现状需要落实的情况，使项目安全工作自始至终作为项目管理的一项要务加以贯彻和落实。

2.1.5 检查施工监理的工作大纲、工作细则、施工监理方案，以及施工现场施工监理实地的工作情况，确保施工监理的工作从工程施工开始就进入良好的工作状态。

2.1.6 检查各项施工和各专业工作资料整理准备和落实的工作情况，相关资料人员到位和培训情况，保证建设项目的资料工作能符合资料工作质量的要求。

2.1.7 检查并明确项目施工过程中使用的各种报表格式，避免各单位要求达到的目标也不一致，使用表式不统一，产生项目系统管理上的乱象。为体现项目管理的素质和达到项目管理的目标，必须使项目工作文件规范化、标准化。施工用的各项表式归集统一后，应报建设方领导审核批准，在布置有关各参建方在工程实施中贯彻使用。

2.1.8 在基本完成上述开工准备的前提下，根据实际项目工作的情况，应协调项目财务监理完成开工前期程序工作的总结和相关财务结算的准备工作，争取将开工前程序工作阶段费用的使用情况，进行系统的结算、归档。

上述各项专业工作都可由专业施工、咨询、管理单位负责实施，项目管理仅根据规范和工作要求，督促各相关单位予以落实，并在执行过程中对出现的工作矛盾进行协调，分清职责，责成相关单位按照计划进度要求予以完善。所有这些协调、调整的工作情况都应进行记录或编制在相关会议纪要中，同时做好计划落实情况的检查。对于确因实际情况发生变化影响计划贯彻的，项目管理应及时在总计划进度要求的范围内，调整各项分段工作的进度计划，明确相关调整措施。如确因总进度计划难以如期完成的，则应分析原因，说明实际情况，以及需要调整总进度计划的理由，编制调整计划报建设方批准，取得建设方的理解和支持。

总之，项目管理应从贯彻政府工程建设的各项要求和对建设方负责出发，及时向建设方领导进行汇报，提出工作建议及调整改进的措施，供建设方选择、采纳，并取得建设方领导的理解或谅解，避免发生不必要的矛盾或误解。为保证项目顺利推进和建设任务的完成，应努力创造使建设方尽可能多的支持和有利的工作条件。

2.2 施工监理在项目施工准备阶段的工作职责。

2.2.1 审查施工总承包单位的《施工组织设计》及开工首先要实施的分部分项工程的施工方案。

2.2.2 根据施工总承包单位报审的《施工组织设计》以及《施工方案》，施工监理单位投标申报的《施工监理大纲》，编制项目的《施工监理实施细则》和对应工程的《监理方案》，经施工监理单位审批后报建设方审批。

2.2.3 检查施工承包单位施工测量仪器检测合格的情况。

2.2.4 核对施工总承包的工程放线成果，检查各项测量界桩和水准、坐标点的保护情况，并检查备用复核点的复位校核。

2.2.5 检查施工监理自身及施工承包单位对工程各项资料收集、归档准备工作的情况，以及施工用各项表格的准备情况。

2.2.6 检查施工总承包单位现场养护室条件的准备情况及委托养护的各项条件准备情况。

2.2.7 检查施工总承包单位现场对工程所涉验收规范、标准相关文件的收集、准备情况。

2.2.8 检查材料检测单位及相关联系方式的落实情况。

2.2.9 检查进场施工机具、装备准用合格证明及现场安装符合要求的情况。

2.2.10 检查现场各项安全措施的落实情况。

2.2.11 检查建设方在施工准备告知书中明确要求落实的各项事项。

2.3 财务监理在项目施工准备阶段的工作职责

2.3.1 完成项目施工阶段建安工程各项费用控制目标的编制，并报建设方领导批准；

2.3.2 完成项目财务管理需用的各项报表准备并送项目管理归类统一，经报经建设方领导批准后布置实施。

2.3.3 完成项目合同和付款审批程序的编制，送项目管理归类统一，报经建设领导批准后，布置各参建单位执行。

2.3.4 建立财务监理工作责任和相关制度，保证各财务监理专职人员及时到现场处理各项业务的需要。

2.3.5 建立与建设方财务专管人员和项目管理人员的工作联系机制，保证项目财务管理、控制，信息工作的及时沟通，及时协商和采取有效的财务管理应对措施，保证项目投资控制要求得到切实落实。

上述施工前的各项准备工作，尽管均有各参建方参与并履行他们各自应尽的职责，但是项目管理应了解他们的工作要求和工作标准，以便协调他们之间的工作关系，检查他们的工作质量，使项目的有序推进得到保障，也能充分体现项目管理的作用。

3.本阶段资料工作要点

3.1 注意收集施工前各项准备工作预案资料，以备工作检查对照使用。

3.2 做好各项资料（包括过程资料）的收集、归类、整理和存档保管工作。

3.3 所有资料收发的登记、签录工作。

3.4 相关会议的签到和会议记录的收集、整理、归档工作。

3.5 除程序工作资料，设计和技术资料应专项立卷，为避免重复，可以设立技术资料目录索引，一方面保证设计和技术资料的完整性，另一方面便于设计和技术资料的查阅。

3.6 对全部开工前的资料进行系统检查，确保项目系统的原始资料完整。在此基础上，编辑打印完整的项目前期程序资料目录。同时，对原始资料进行扫描存档，保证目录和资料原件一一对应，还保证有相应的复印件可供备用，避免原始资料缺损。

附录一 中标后施工监理工作要求告知单

施工监理工作要求告知单（参考）

为了做好工程施工的各项准备，现将施工监理中标通知书下达后除正常的施工监理工作外，监理单位的其他相关工作要求告知如下。

一、施工监理负责的区域和管理内容

施工监理负责施工区域范围内和甲方要求与工程施工相关区域的工程实施管理，包括工程施工和指定区域区域内的施工单位生活及设施管理，管理的内容包括施工期间的安全工作、工程质量、施工进度，以及与工程投资相关的配合工作。

二、施工监理条件准备

1. 领取建设方关于项目立项到施工许可（包括建设方在项目前期关于项目各阶段征询和相关专业审批）的全部批准文件。

2. 领取建设方关于项目建筑功能要求的文件（包括施工监理任务书）。

3. 领取完成施工图审图的施工图纸。

三、施工监理手续的办理

1. 领取施工监理中标通知书及项目报建号（包括项目编号和IC卡号）。

2. 向建设方或其委托的项目管理单位、人员申报项目施工监理组成员名单和相关资料（包括姓名、工种、职务、职称、联系电话，以及相关人员资质证书复印件、盖章的施工监理单位资质复印件、单位地址、电话和传真号码），提供的书面资料需盖施工监理单位确认印章。

3.提交施工监理合同报审稿，复核通过后办理签约手续。

4.负责及时办理施工监理合同交易备案手续。

5.办理支付施工监理合同预付款手续。

四、施工监理工作（除施工监理合同内容明确外）

1.组织项目监理人员熟悉建设方对项目功能的要求和设计文件，以及各阶段审批机构的审批意见，注意检查审批意见在各设计阶段的调整、修改执行情况，同时准备设计图纸会审的相关工作。

2.按照国家建设工程施工规范和监理合同要求，进行各阶段的施工监理工作。

3.严格按照图纸和规划审批意见，复核施工单位放线质量，结合工程实际操作情况，确保放线不超规划定标要求，并负责与规划现场检测、检查验线人员协调，做好相关的现场配合的协调工作，保证各阶段规划检查验收工作的顺利进行。

4.负责施工项目实施图纸的发放管理，在向建设方领取经审图合格的施工图纸后，应检查和核对图纸的完整性和符合性，检验后按照规定数量和要求发给施工单位、投资监理单位，以供他们在项目实施过程中的需要。注意修改图纸也要按照相关明确的规定执行，并做好图纸发放的签收记录。

5.做好资料管理的相关准备工作。

6.做好各项施工监理工作实施方案及方案在公司内部的审查核准工作，妥善保存的现场，以备自查和外检的需要。

五、开工前的施工监理工作

1.准备施工监理图纸会审工作，会同施工总承包单位审查施工图纸中存在和因施工工艺需要设计解决的问题。相关资料应备制书面文件作为项目设计技术交底会议的讨论提纲，发给建设方并转设计单位在设计技术交底会议上做解答准备，解答的记录经确认后作为设计技术交底的附件。

2.按照建设方的时间安排要求，协助建设方组织设计技术交底会议，并组织项目施工监理各相关专业参加会议。在完成会审问题解答后，做好临时增加问题回答的补充记录，及时形成会议纪要（包括设计单位的设计交底要求），经与会各方确认盖章后发建设方、项目投资监理单位、施工总承包单位等要求贯彻设计技术交底要求的单位。

3.在完成设计技术交底的基础上，督促施工单位限时（不超过一个月）按照商务标的格式编制施工图预算，以备申报墙体办办理相关手续使用。

4.做好施工现场移交时实际地面标高测量的复核工作，完成检测复核确认手续，报建设方备案，并作为项目土方工程计算工程量的一项依据，以备检查施工单位土方平衡时使用。

5.检查施工单位的《施工组织设计》，并在合格文件提交后 7 天内，签发对施工总承包单位申报施工组织设计的确认意见。

6、审查施工组织设计的主要内容如F。

⑴ 检查施工临时排水方案的设计、编制，并按照临排管理机构的审查意见，检查临排施工落实的情况。

⑵ 检查临时设施搭建设是否符合批准的施工组织设计要求，注意避免影响施工周期内的各项施工活动，同时注意应避免影响总体施工发生需增加拆除临时设施的签证（此类签证将不予确认）。

⑶ 检查施工总承包单位对建设方和施工监理现场工作条件的准备、落实情况。

⑷ 检查施工总承包单位各管理人员到位情况，并收集相关必要的资格证明文件，复印件应盖有施工总承包单位确认的印章。

⑸ 检查相关施工人员的上岗资质证书，收集相关复印件，复印件应盖有施工总承包单位确认的印章。

⑹ 检查施工总承包单位项目部全部施工人员登记台账，明确记录各人员调出、调入的时间，及相关各项相必要掌握的资料信息。

⑺ 检查施工总承包单位安全施工措施及安全教育措施及落实情况，掌握人员工资、劳动保险、安全交底等项基本安全工作的执行情况，负有监督劳务工按相关管理规定执行情况的责任。

⑻ 检查现场试验条件落实情况，保证工程材料测试各相关工作要具备按规范执行的条件。

⑼ 检查工程施工计划进度安排与实际情况的符合程度，确保施工进度按照计划要求执行。

⑽ 检查施工总承包劳动力安排的情况及其与实施工程进度需要的符合程度，保证施工各阶段的劳动力安排与施工进度计划相适应。

⑾ 检查工程材料检测的准备情况，材料台账等资料建立的准备情况，并做好与建设方委托的检测单位联系工作。

⑿ 其他施工监理应该按照建立规范检查的内容，并使之与工程实际条件和情况相符合。

审查完成后，应提出对施工总承包单位施工组织设计的审查意见，对上述各项要求的检查情况予以说明，报建设方备案。

7. 当开工条件符合时，签发开工令，明确开工日期。

8. 工程实施过程中，对施工单位提出的工作联系单，签证单、技术核定单、报价确认单，监理单位应核对工作实际情况，复核计算相关工程量的尺寸要素后予以确认，因工程量变更产生的价格、费用变动，由投资监理根据施工合同和审价规定审查确认。故签证单、技术核定单不应反映变更的具体报价金额。

9. 工程实施中的安全工作应注意安全要求记录完整，并做好相关要求在现场落实情况的检查，同时做好现场检查记录。避免笼统记录造成不可追溯的缺陷。

10. 其他正常监理工作按照报建设方确认的监理工作规范、监理大纲、监理工作实施细则，以及各阶段监理工作方案的要求执行。

以上是建设方对项目施工监理工作的要求，本要求作为施工监理合同的附件，希望施工监理单位规范执行。对于项目实施过程中可能存在的其他本要求未予涉及的问题，建设方将以通知或工作联系单的形式及时补充和告知施工监理单位，并抄送施工监理单位，请施工监理单位及时给予积极有效的配合。

附件录二 中标后施工单位施工准备工作告知单

施工单位施工准备工作告知单（参考）

经招标发出中标通知书，中标施工承包单位在开工前应做好以下准备工作。

1.向项目工程监理领取施工图纸，共八套。其中盖审图章图纸三套，不盖审图章图纸五套，同时保存招标时领取的施工图电子文件（含项目地质勘察报告资料）。先发伍套（审图章图纸壹套，非审图章图纸肆套）。

2.提交施工承包合同（初稿）以及安全施工协议、廉政协议，报业主审核后办理签订手续。

3.审查施工图纸，检查图纸中有无设计缺项或内容，需要或设计单位说明的问题，书面提交协调准备技术交底时使用；技术交底后负责整理技术交底资料，形成技术交底文件，交由参建技术交底会议有关各方核对无误签字盖章后，由发放有关参与各方执行，并作为施工文件的一部分归档保存。

4.办理合同备案登记手续，并将施工合同备案登记手续报备案和使用。

5.编制中标项目施工组织设计和桩基及基础施工方案，开工前七天报监理审核。

6. 收到中标通知书后三天内编制临时排水方案，报业主协调排水处认可后施工，待方案批准经验收后供排水使用。

7. 收到中标通知书后五天内办理并缴纳劳务用工的各项社会保险手续，并将缴纳保费凭证报备案使用；

8. 及时接受基地建设项目测绘的水准点和坐标点，并签收确认；

9. 及时测量移交场地原始标高，并请工程监理验收确认后报备案备用；

10. 根据移交的坐标、水准点进行建设工程实地放样，并准备相关报验资料；配合规划测量和规划验收工作。根据规划验收意见于工程基础施工前完成放线调整，经工程监理验收并批准开工令后投入基础施工。

11. 完成合同办理，随即按合同规定办理施工承包单位的银行履约保函。

12. 在申报施工许可证前，办理并完成工程预付款手续，并将银行收款凭证报备案使用。

13. 准备企业施工承包资质、项目经理及主要工程管理人员资质、关键和特殊工种上岗资质复印件（施工单位盖章确认），并带原件交工程监理复核，验证后相关复印件留施工监理处备案以备用。

14. 工程开工前，按照中标文件和国家关于工程质量、安全工作的相关规定，完成基地施工的临时设施搭建，并请施工监理检查验收。

15. 中标后一周内提交经中标单位盖章确认的投标预算，同时备报办理的墙体办手续的相关资料。

16. 协助建筑方办理工程报监手续。

17. 协助办理施工许可证手续。

18. 按照投标的商务标格式和收到的施工图编制施工图预算，工程量可以按照实际施工图计算调整，但工程描述、工程单价不变，格式与招标文件一致。需增加招标文件中实物工程量漏项的项目，应在预算所列工程细目后按招标要求另列表补充说明。施工图预算应在收到施工图起一个月内报业主审核，工程决算按照批准的施工图预算为基础进行。

19. 参加建设方、项目管理、财务监理和施工监理组织的各项工程施工准备会议，包括设计施工图会审、设计技术交底会议、首次质监交底等会议，并在开工前按照计划要求完成相关工作。

附录三 施工准备阶段主要工作环节流程示意图

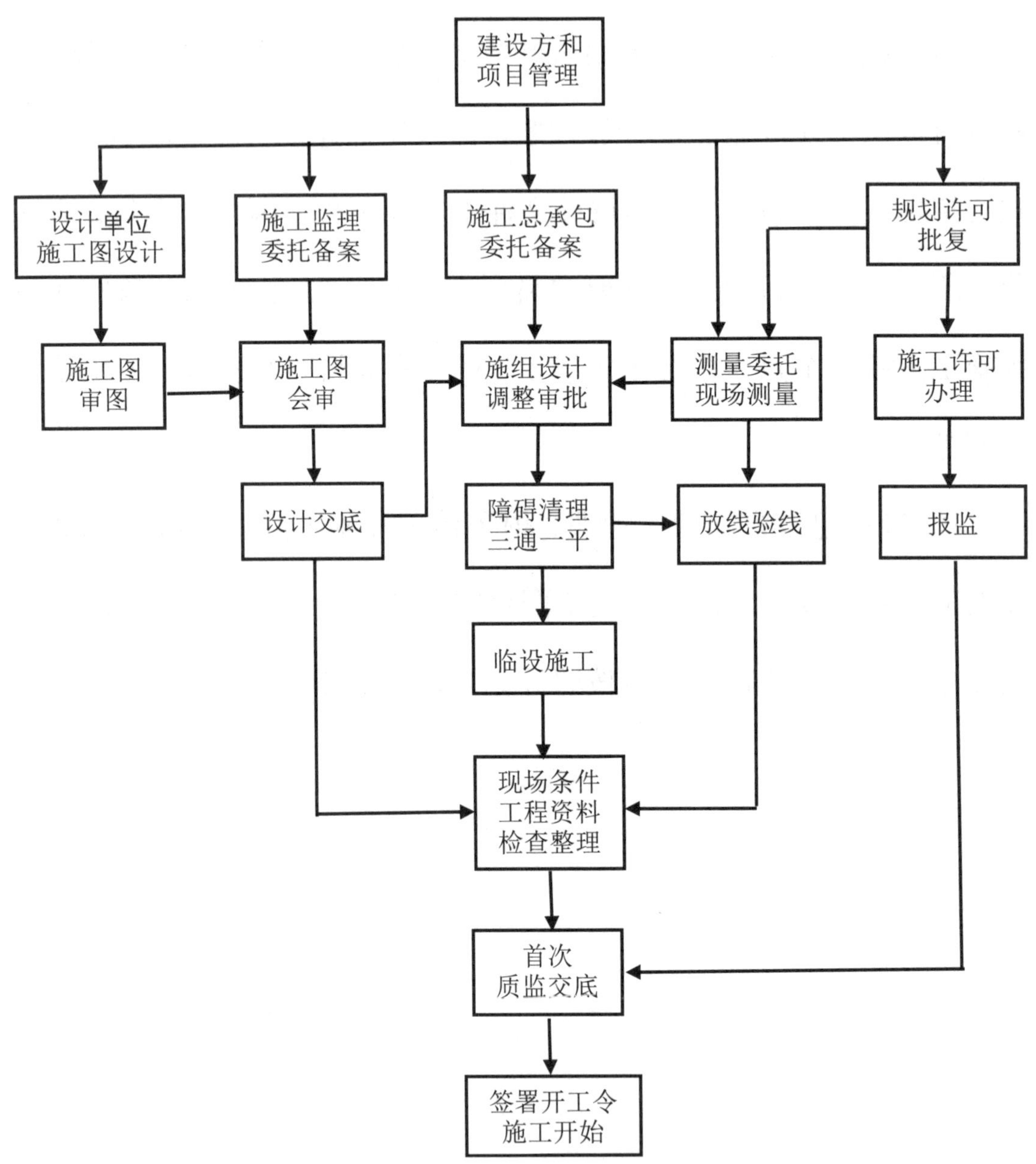

第二十五讲　工程项目施工阶段的管理

内容要点：主要阐述建设方或项目管理在施工阶段应注意的主要工作。由于项目委托聘请了工程财务监理和施工监理，具体工程质量和投资控制的事务均可由他们进行专业操控。建设方或项目管理的工作就是检查他们工作的落实情况，并进行相关工作方之间的协调，保证工作计划顺畅执行。但是，涉及项目安全、环保、节能事务，由于事关重大，还应必须由建设方和项目管理人员亲自过问，保证关键工作要求的贯彻、落实，并注意规避建设方或项目管理不应承担的责任。

工程进入施工阶段后，虽然工程现场的管理工作均交由施工监理负责，但作为建设方和建设方委托的项目管理，仍有不可推卸的管理责任。开工后，工程施工现场的管理主要有以下工作。

1. 安全管理

建设方是项目建设安全管理的第一责任人。在工程综合评价中，安全不达标可以，一票否决。因此，建设方和项目管理人员对项目实施过程中的安全问题绝对不可松懈，必须时刻关心工程建设中各项安全事项的落实，关注项目推进的每一个环节中安全工作的执行情况，检查、督促参建各方履行各自工作中的职责，注意在及时总结前阶段安全工作的经验教训基础上，进行后续工作中安全事项准备措施的检查，在组织并分析推进过程中存在安全问题或隐患的原因后，研究解决在后续工作中安全问题的措施和方法，向各参建单位的工作人员布置下一阶段的安全工作要求。其具体安全工作有以下内容。

1.1 在熟悉规范对建设工程安全管理工作的各项要求基础上，协调各参建方主动将安全要求融贯在项目建设各阶段的管理工作中。

1.2 仔细分析项目建设各个环节中可能发生安全事故的因素，排查可能引发安全事故的各种危险源，建全项目的安全工作制度，列表编制影响工程安全和环境的因素，并对应列表的各项危险源逐一制订应对的防范预案，布置和要求各参建单位根据各自工作情况予以完善，并检查此项工作落实的情况。

1.3 组织或参加项目建设中的各项安全工作会议，听取项目参建各方安全工作开展的情况,协助建设方表明对各方、各阶段安全工作的态度、要求，并做到事事、时时、处处不厌其烦地讲安全。同时，要注意针对性，所拟定的防范事故措施，应结合工程实施中的实际情况。

1.4 组织并参加项目实施现场的每一次安全检查。根据现场实际情况，对各项安全措施的落实工作，提出建设方和管理方的检查意见。

1.5 根据安质监站的要求，汇报项目建设过程中，参建各方安全工作落实的情况。

1.6 检查施工监理并责成其按照规范要求，督促施工总承包做好现场相关的安全工作，并他们注意确保相关安全措施的落实。

1.7 安全工作的资料管理。

1.7.1 检查项目建设过程中安全事项的记录工作，并确保建设、管理方的安全工作要求均记录在案。

1.7.2 督促并检查施工监理对施工总承包安全管理工作中的监督工作，保证切实做好每个施工人员的安全教育和培训，并检查每个施工人员安全教育记录的落实。

1.7.3 督促施工监理做好对施工总承包安全工作各项制度、措施、方案的审查，以及检查这些制度、措施、方案的执行情况，着重于安全措施的“落实”；施工监理应做好专项《安全监理工作日记》，并将安全措施的检查和“落实”的情况记录在案。

1.7.4 督促施工监理事前做好对施工总承包施工设备、器件的安全检查,以及检查其专业人员按制度对这些设备、器材进行安全检查记录要求的执行情况,并将施工监理检查过程的情况记录在《安全监理工作日记》中。

1.7.5 对于一旦发生的安全事故，要求施工监理、施工承包第一时间报告，并及时到达事故现场。按照安全工作预案，及时组织事故的保护和处理工作，并按照规定及时向上级领导和有关部门报告。在完成事故现场的调查后，快速并妥善做好事故的善后处理工作。

1.7.6 对发生的事故，应督促并协助施工监理及时进行原因分析，追溯责任，提出相关改进措施，并检查落实的情况。同时，将事故发生、善后处理情况、原因分析、弥补措施等各项处置情况记录在案，并及时向建设方和安全管理机构报告。

1.7.7 除了施工安全外，建设方还应注意现场食堂的卫生和饮食安全，督促施工监理做好这方面的督促和监督工作，同时也可避免施工现场非正常减员，保证工程进度顺利按计划推进；相关工作情况也应做好记录备查。

2. 质量管理

工程质量是分属施工监理主管的重要工作，建设方应检查其施工监理大纲、监理工作实施细则、专项工程的监理方案；同时检查、核对施工监理相关人员从业资质和到位情况保证相关质量控制，管理的措施、方法具备落实的条件；并对照施工监理接受委托的承诺，检查其质量工作措施落实的情况，提出审批意见。

除了工程质量以外，工作质量的管理也是建设方和项目管理不应疏忽的事情。从建设方管理的角度，不仅需要从产品质量上考虑，还而要从广义上认识质量管理的要求。这就要求检查所有委托参建单位的质量是否按照规范和合同要求，以及能否在规定时间内完成相关工作，并整理完成相关资料，及时归档保管，要避免工作拖泥带水留下“后遗症”。这就需要我们对各参建单位工作质量的管理也应采取相应有效的考核、评价措施。

同时，建设方、项目管理也要为施工监理监督施工总承包的质量管理工作撑腰，注意不同场合采取对施工监理的不同工作方法，协助提高其在监管工程施工中的权威性和工作效率，以保证工程施工顺利进行。

3. 投资管理

项目的投资控制和管理是委托财务监理进行的专业工作，要检查财务监理合同履约情况。其包括财务监理相关的工作大纲、工作细则、各项专业工作制度、各项专业工作流程、各种付款申请审批以及签证表格的设计等具体专业工作要求，是否制订并符合项目实施的需要。

同时，特别应注意检查财务监理控制目标的分解工作和目标控制项目的效果，以及财务计划的制订、各项项目财务报表的编制、各项工程报价和结算的审核，是否按照规定和相关的时间要求完成。

在办理付款审查流转程序时，在继施工监理对申请付款单位申报工作质量和数量核对确认，财务监理对施工监理确认申请单位申报付款条件，项目管理对审查流转程序执行是否完整，审查意见是否切实说明符合应付款理由后，当各咨询服务的专业单位的签署符合全部付款条件后，建设单位最后才签署付款的审批意见。

注意所有审查、审批意见不应简单签署“同意”、“符合条件”、“同意支付”等不能体现操作依据和有责任性的词汇。必要时施工和财务监理可签发“付款申请审核意见书”，较详尽地阐述审查依据和审查结论意见，表明相关各方对项目资金使用的慎重、负责，并经得起审计、稽查在任何时间和任何级别的检查，充分体现施工监理、投资管理、项目管理以及建设方对过程的负责，同时也便于为准确进行工程结算和决算提供基础条件。

项目管理应推动建设方认真听取参建各方对改善施工方案，节约工程投资的建设性和合理化建议。必要时，涉及重大变化的合理化建议，还可建议建设方组织相关专家进行评审，为建设方提供决策有分量的参考意见。相关节约奖励、专家咨询等费用经与财务监理协调，可在采取合理化建议后产生的节约效益中支出。

建设方应充分鼓励有利于节约项目投资的措施、建议，确保所执行的项目投资控制中，相关合理化建议的举措得到鼓励。同时，也应兑现合同明确的激励机制和措施，合理有效地运用相关表彰、奖励的方法，争取项目投资控制工作产生更大的效益。“既要马儿跑得快，又想马儿不吃草”的思维方法，是不能对建设方产生并维持长久有利的效应。

4. 现场文明施工管理

现场文明施工是施工总承包单位负责实施的工作，施工监理单位负有监督落实的责任。如检查文明施工的措施和方案、施工现场场容、场貌的布置和保持，工地扬尘的防治、污水按规定排放、防暑降温和防冻保温措施、饮食卫生、必要的警示标志布置、现场施工材料和器材的规范堆放，脚手架围网规整和整洁、施工现场操作面的保洁，等等，建设方和项目管理也都应予以关注，就检查的问题向有关责任方提出改进和整改的书面意见，并责成施工监理监督施工总承包落实。

5. 现场巡视

除了施工监理、财务监理需要到现场巡视工作外，建设方和项目管理也应经常到施工现场的各个工作面，进行综合巡视工作。一方面检查相关计划落实情况，检查可能产生的各种问题或隐患，同时也是对参建各方工作责任性的检查，使建设方和项目管理在现场各种场合能发表自己对工程推进的针对性评价意见，更具有结合实际情况的说服力，避免笼统的、不切实际的空话、大话，确保建设方和项目各管理绝对的权威性和控制力。同时，项目管理也应对现场巡视的工作进行记录、备案。

6. 合同管理

施工合同管理在工程项目中是一项十分重要的工作，涉及甲方的责任、权利、义务，也涉及委托工作的要求、标准、验收方法，还涉及合同款型的确定，支付和结算的方法，等等。委托事项在项目实施过程中，管好了，项目进展就顺利；处理不完善、有漏洞，就会产生许多矛盾，有时甚至难以协调。因此必须注意合同的管理工作。建设项目的合同管理主工作要有以下 n 方面。

6.1 合同文本的准备和签约。合同文本一般由建设方提供或由合作方提供两种方法。不管是谁提供，都必须具备合同成立的基本条件，即合同的标的（物品或事项）、完成合同的执行和验收标准，履约双方的职责、权利和义务，合同款项和支付方法，以及其他双方认为需要说明的问题。

6.1.1 合同标的，就是建设方委托的事项或需要对方提供的商品。如果是委托事项，就必须明确实施的范围、规模等，是商品就必须明确品牌、规格、型号。不允许产生执行概念模糊的情况。

6.1.2 合同的执行和验收标准。明确标的验收方法，以及向施工总承包告知建设方委托的施工监理、财务监理单位和其他参建单位各自对合同的执行和验收工作中的职责、权力。

6.1.3 明确合同的计费标准、支付方法、履约总价，以及合同内容和价款的调整办法。

6.1.4 明确签订合同双方的权利和义务，如相关违约事项的设定及违约处理方式。

6.1.5 明确对合同执行情况的奖惩措施。

6.1.6 有关廉政要求的双方约定（也可独立签订《廉政协议》作为合同的附件之一并执行）。

6.1.7 《工程施工安全协议》也是建设方与施工总承包方签订施工委托合同时不可缺少的附属文件之一。在施工承包合同备案时，是与《廉政协议》必须同时申报的附件之一。该协议中应明确双方在工程施工中所承担的安全责任，注意建设方主要是提供安全施工的甲方条件、明确要求、负责督促检查安全措施的落实；而施工承包方则应承担工程实施过程中全部安全规范、安全措施具体落实的责任。

6.1.8 其他需要在各项合同中明确的事项。

合同内容越仔细，针对性越强，就越具有可操作性。建设方和项目管理应注意运用依法签订的合同来规避自己不应承担的责任。

6.2 合同执行管理。

6.2.1 合同签订后，一般分正副本。正本两份，签约双方各执一份。副本数量根据甲乙双方需要而定，涉及办证、见证、备案，相关机构也需要报送副本原件一份。参建单位（如施工监理、财务监理）因工作需要，则可使用合同复印件。合同文件应与其他工程文件管理要求一样，收发都应做好登记和签收。

6.2.2 建设项目涉及合同较多，可由建设方专人管理，也可委托项目管理专人负责管理，或者交由项目财务监理管理。不管谁管理，一定要求责任明确，使合同管理工作落到实处。

6.2.3 每个项目的合同，均应建立合同台账和合同档案。合同台账可以是表格式的，是将每一个合同的主要情况进行登记，使之对合同总的情况一目了然。合同台账的主要内容有合同编号、合同名称、合同价款、分期付款的时间和金额、合作对方的名称、联系电话、联系人及电话、收款单位银行账号等。

合同档案是每个合同执行的具体情况及相关资料，包括以下内容。

6.2.3.1 合同资料封面，封面上应有合同名称、合同编号、合作对方名称、签约时间、合同结案时间。

6.2.3.2 建立合同资料目录和分类编号体系，便于快速检索。

6.2.3.3 收集签订合同的依据，包括经招标或比选的中标通知书（复印件）、领导会议集体决定直接签约执行的要求文件等；如果是某一行政机构规定，也应有相应的文件通知。

6.2.3.4 签约合同审批流转会签表。

6.2.3.5 合同文件（正本或副本）。

6.2.3.6 合同付款手续（按每一次付款情况整理，并按时间顺序排列）。其包括以下内容。

①　收款单位按照合同规定提出付款申请。

②　执行合同的复印文件（可由明确合同编号的该合同首页和届时付款条件页复印件简化提供操作依据）。

③　付款申请审批流转表。

④　银行转账兑付凭证（复印件）或领用人签收的转账支票存根联（复印件）。

6.2.3.7 合同变更的记录，包括变更依据、变更协议、变更协议流转审批表。

6.2.3.8 合同履约小结。综述合同签约、履约、验收、付款、变更、廉政等执行情况。

6.2.4 将上述资料按照每份合同目录表顺序装订成册，存档备用，并将全部合同按照台账登记顺序装入档案卷宗盒内，填写打印卷宗目录表后集中归类存放。

按照上述整理方法，合同资料条理清晰，便于查阅。有关合同台账、合同档案等，在参考表式基础上，可以根据项目实际需要的情况进行调整。

6.2.5 合同资料管理。合同资料主要包括以下内容。

6.2.5.1 签订合同的依据（包括招标或邀标的中标通知书、领导会议的决定、其他必须执行合同签订工作的相关文件或说明）。

6.2.5.2 合同文件审核会签的流转表。

6.2.5.3 签约的合同文本。

6.2.5.4 合同付款申请、合同文件（封面、相关付款条件和金额页）付款审批流转表，相关支付审核意见书、支付凭证和支票票根或银行转账凭证复印件（每一次付款的资料整理在一起）。

6.2.5.5 合同变更手续（同原始合同签订审核条件相同，每一次变更的资料整理在一起）。

6.2.5.6 合同结算手续（包括结算或决算协议、结算或决算协议审核意见书、签约的结算补充协议文本）。

6.2.5.7 单项合同结案小结。

6.2.5.8 项目全部合同管理工作总结。

上述资料应按顺序（每次付款应按付款时间顺序）整理，加上目录页和封面，进行装订，形成单项和全部合同的完整资料。

全部合同按照单项合同编号、签订时间顺序或分类收集，并归档装入合同管理专用的资料盒中。

对合同的管理，建设方应安排专人负责，也可委托项目管理人员或项目财务监理负责，并交代合同管理的要求、职责。

同时，建设方和项目管理人员应经常或定期检查和核对合同管理人员的工作情况，保证相关规定的全部落实。

7. 例会及专题会议

项目例会和项目建设的有关专题会议是汇总项目推进情况，检查计划落实情况，分析计划推进过程中存在的问题和研讨解决问题的措施、方法和平台，是对项目进行安全、质量、投资、进度控制和管理的重要措施。例会由施工监理的总监主持，建设方应指派代表参加，涉及重要事项的工程项目会议，建设方的领导应加以关注，并应亲自与会，提出建设方要求贯彻的事项。会议的基本要求如下。

7.1 例会一般由总监主持，做好会议的准备工作（包括会议内容、与会人员参加会议要做的准备工作、会议通知、会场准备、会议签到表、明确会议记录和整理会议纪要的责任人等）。

7.2 各单位与会代表进入会场，首先均应办理签到。

7.3 检查与会应到人员的情况。

7.4 主持人宣布开会，并简要说明会议召开的要求。

7.5 根据会议要求，施工总承包负责人、施工安全员、施工监理和安全监理、项目管理代表，及其他相关与会人员先后汇报或讲述事前准备的汇报资料。

7.6 进行会议讨论，落实会议主旨要求的内容。

7.7 建设方领导就目前工程情况提出建设方对工程和各参建方的要求。

7.8 由会议主持人总结会议情况并归纳会议取得的结论意见；明确相关事项的责任人，以及相关工作执行的时间、质量等要求。

7.9 会议结束后，负责记录人员整理记录，形成会议纪要，发给与会单位的人员参照相关要求执行、落实。根据规定，会议纪要需相关参与单位确认的，应在会议纪要中专设会签栏，复核、会签和盖章后再发给相关与会单位人员。

为了及时执行会议决定的事项，与会人员应对会议纪记录稿进行草签，并将草签的会议纪要先复印后发给与会单位人员执行，正式文件打印后补发。如果按照此方法进行，会议记录人员要设法早做准备，保证在会议结束后的最短时间内，保证大家及时办理草签手续，使相关事务的处理和落实不至受到影响。

专题会议由相关专题事项责任参建单位项目负责人主持，会前通知有关人员参加。在会前，建设方和项目管理应检查专题会议的准备情况。开会时，除做好会议签到外，应将会议研讨的情况、结论做好详细记录。该记录经相关表述意见的单位代表签字确认后，印发涉事单位执行。

8. 工程实施中各阶段的验收

工程实施各阶段的验收，尽管已经明确由施工监理组织，但是建设方和项目管理也应关注和参与，实地检查施工监理及相关参建方工作执行和落实的情况，并根据实际情况提出建设方的验收意见。

各阶段的验收也应具有工程验收会议的格局，在会议主持人介绍会议主旨要求后，应安排有关各方到施工现场实地查看，根据实地检查的情况，在检查后的集中会议上再发表各方的验收意见。

重要的阶段验收，必须协调安质监站参加。在与会相关单位发表验收意见后，安质监站应表明见证验收的意见，并形成书面文件。存在问题的工程施工，安质监站应开列整改通知单。建设方应要求施工监理督促相关参建单位，按照安质监站提出整改通知单内容进行落实情况的检查，并及时将检查落实的情况向安质监站回复、报告。凡涉及整改要求的回复，应将整改要求的原始件、整改情况的汇报，以及整改部位在整改前后的照片资料归集成册，保证每项整改资料的完整性。对安质监站提出的意见，应编报相应的整改反馈意见。

9. 工程的后配套工作

后配套是指项目工程竣工、交付使用前必须完成办理的正式用电、供水、排水、通信、网络、有线电视、总体道口等施工和衔接手续，并落实相关工程的施工及接口处理，以保证竣工工程能够及时连接这些系统和设施而正常使用和运行。当工程施工开始，各项配套的技术参数确定后，可根据条件成熟先后的情况，分别及时地开展相关专业的后配套工作。

9.1 正式供电。向项目属区供电公司办理申请正式用电手续,包括项目总用电容量的申请。一般供电公司负责工程外线到工程项目配电间或开关柜接线桩的进线桩头。申请被批准后，及时支付相关增容费用、设备费用和接电工程费用。如果涉及供电外线载荷不足的情况下，还要增加或更换相应容量的变压器，或者改造更换供电外线路。外线工程费用由供电公司负责，供项目专用的设备、线路费用，由供电公司提出工程报价清单，经财务监理审核,并签订合同（包括供电责任合同）后支付；应注意项目专用的供电线路施工前和施工阶段与在建工程施工的协调、配合,特别注意正式供电进行接电切换时，相关安全保证措施一定要落实。

9.2 正式供水。向供水辖区上水公司办理正式供水手续，包括项目供水总容量的申请。外管施工由上水公司根据建设方总用水申请量的需要，负责设计、施工。一般上水公司外管应接至红线内一米处，并安装总阀门和总水表。为了节约投资，避免两次设计和施工，应与上水公司协调，争取临时用水和正式用水管道一次施工，分段计量。红线外供水管道设计施工费用同供电外线工程，项目专用的管道施工、计量表具、阀门及施工费用由上水公司提出工程报价清单，经财务监理审核,并签订合同（包括供水责任合同）后支付；应注意项目专用的供水管路施工前和施工阶段与在建工程施工的协调、配合。

9.3 正式排水。目前所有建设项目均实行雨水、污水分流制。在考虑项目外市政管道接口标高允许的前提下，为了保证污水流畅，避免阻塞，项目内在有条件的情况下，排水管道坡降可适当加大，但要适度。在已经适当加大坡降标准的情况下，如果标高还有余量，可采用末端大坡度下降的方法，减少大部分施工区管道开挖工程量，节约施工费用。在管辖排水管理处批准项目污水排放工程设计后，应委托专业施工单位进行污水检查井施工。污水检查井按照排污要求，一般设置在项目排污管接至市政污水管道的基地内侧。污水接入市政管道前，应向排水处提出排水接管申请，由污水检查井施工单位提出工程报价清单。一般污水检查井工程费用要求签订合同后一次付清。财务监理应对污水检查井的施工费用进行审核、协调工作，在确保经济目标得到控制的情况下，可办理相应款项的支付手续。最后经检查验收合格，取得排污纳管许可证后再行接通排放。

9.4 燃气接入。项目的燃气接入应向辖区燃气公司提出正式接入燃气的申请，报告项目燃气最大小时和最大日用量，以便燃气公司确定匹配的燃气计量表具。因为用户燃气是低压供气，当项目总燃气用量较大，燃气公司必须从市政中压外管直接接入时，需要加设燃气减压设备。因此必须与燃气公司协调燃气减压柜安全的安装位置，燃气计量表具也应由燃气公司安装。必要时，还必须由设计单位设计专用的燃气计量表具间，虽然面积不大，但必须在建筑物相宜的位置预留，此事应在设计阶段做好设计单位与燃气公司协调、配合工作。市政道路的输配气管工程由燃气公司负责，项目专用的外管至减压柜、再至表具间的计量表具接入口的工程由燃气公司施工。事前由燃气公司提出工程报价清单，也需办理委托合同，支付相关的工程款后再安排施工。因此投资监理必须介入，做好相关的投资控制工作。

9.5 道口施工，是指项目红线通过道路一侧项目大门与车行道连接段的人行道施工。事前应向辖区市政管理部门提出申请，报告道口可能发生最大车行载荷的情况，由辖区市政管理部门负责道口的设计和施工，并在财务监理审查通过后支付相应的工程费用。项目外新道路施工时，项目大门位置已经确定的，应向相关市政管理机构申请并进行协调，请其预留道口，则建设方可不予承担相关道口工程费，但应提供道口设计需要的相关技术参数和要求；道路已经建成，需增开道口的，需市政部门重新设计，相关工程费由建设方在项目费用中列支，届时市政施工单位也会提出工程费用报价清单和委托施工合同。故应请财务监理把关，控制费用，做好委托合同的审核，并按规定及时付费；同时也请施工监理注意配合做好道口工程施工质量的监督。

9.6 其他后配套工作，包括各项弱电系统的专业施工和连接（即电话通信、网络、有线电视等），都应事前做好调研，确定使用要求和范围，协调管辖单位明确接口的要求、施工的条件。同时还要注意与设计的协调，保证专业深化的需要，将相关建设方的功能要求与项目审批机关的各项控制要求紧密地结合起来，使工程的使用功能切实与目标要求相吻合。期间，施工监理应做好这些系统施工的质量，与施工总承包施工工程的衔接和协调。特别是工作界面和接口的施工责任划分，应保证各项弱电系统的功能能够正常运行；相关项目专用线路的施工费用也需请财务监理做好审核、支付的把关工作。

9.7 注意各项后配套工作的资料、信息、各项技术参数的收集和保管，一方面作为设计技术资料的归档；另一方面也是项目重要过程资料管理的需要，供查证、追溯备用。只有当工程竣工审计后，再确定过程资料的取舍。

9.8 与红线外各类管线连接施工时，红线内施工的总承包单位有义务做好红线内施工接头的配合工作。施工监理也应及时做好配合工作的布置和安排，同时做好施工时的配合协调和监督工作。

9.9 红线外项目专用的管线和设备费用均纳入可行性研究报告和初步设计批准的经济指标范围内，由投资监理按照批准的项目配套费用指标进行控制使用。

10. 资料管理

建设工程的资料管理是工程建设过程全部客观操作工作的如实记录，是各参建单位工作实绩的见证，也是各参建单位工作责任性的体现，更是工程实施各环节追溯的依据。因此，在工程项目推进过程中，每个环节所产生的资料，都是不可或缺的。在项目实施过程中，必须高度重视各项资料工作，就像爱护自己眼睛一样。建设方和项目管理在项目推进过程中，应注意以下资料方面的工作。

10.1 项目管理要有项目实施过程中总的资料工作原则、工作程序和制度要求，或在项目各项专业管理细则中编制并体现相关资料工作原则、工作程序和制度，报建设方批准后付诸实施；

10.2 编制工程的影像资料基本目录，检查各参建单位资料（包括相关影像资料）收集的整理、归类、存放情况。

10.3 以各阶段验收为契机，经常组织或责成施工监理检查各项资料齐全情况，促进阶段验收中资料的完备性，保证能顺利通过验收。

10.4 检查各参建单位资料管理的规范化、标准化执行情况，严格执行资料收发制度，保证各项工作执行都留有痕迹，可追溯。

10.5 检查项目各项资料按照城建档案馆和建设方归档要求执行的情况，保证最终的竣工资料均符合城建档案馆和建设方归档和使用的要求。

10.6 影像资料管理归档。影像资料是工程资料中重要的组成部分，在关键的工程环节、节点检查、重要的实物证明，都要辅以影像资料佐证。不同规模的工程，对影像资料的数量有不同的要求，在委托编制竣工资料时，编制单位会根据项目的情况提出影像资料分类和基本数量要求。为此，项目管理和施工监理在开工前应按要求做好影像资料工作的计划，明确影像资料的基本目录，确定相关影像资料拍摄、制作、整理的负责人，并按时保存在专项资料文件中，定期、定阶段收集整理，待工程竣工时统一汇总制作为项目影像资料专辑，报城建档案馆和建设方存档。其他资料工作要求，参见32讲《项目管理》中资料工作的内容。

11. 施工阶段需要建设方和项目管理关注的其他事项

除了上述需要建设方、项目管理在施工阶段给予关注的外，其他还有民工权益的维护和民工的社会保险事宜，工程文明施工的防尘和防污、夜间施工和防噪声事项，执行使用商品砼和商品砂浆的规定，杜绝使用自拌砂浆、混凝土的工作，等等。

前面已经讲述，尽管已经委托施工监理和财务监理监管上述相关工作，但不能免除建设方的责任。因此建设方和项目管理应了解这些工作的要求，检查、督促相关咨询、服务单位的工作，使自己的工作有针对性，对各参建单位的要求也能做到不是空话、大话。各项要求应体现针对性，能切中利弊要害，有利于与各参建单位产生工程管理上的共同语言，使工程顺利进行。

附录 专业分包的管理

工程施工中总承包会进行相关专业施工的分包，包括桩基、围护工程，防水工程、门窗工程、消防工程、电梯工程等。这些分包工程的管理应由施工总承包负责，是施工总承包工程的组成部分。但是建设方后项目管理也应加以关注，避免不规范操作和不具备分包资质的施工队伍给工程建设带来不必要的麻烦。注意非特殊需要或具有特殊规定的分包工程，建设方要避免直接分包或甲供设备材料，产生肢解施工承包合同的嫌疑，这是有违工程承包规定要求的。具体应注意以下工作要求。

1. 所有专业分包工程应由施工总承包负责招标和比选，并在实施前向建设方、项目管理、施工监理、财务监理提出申请，告知相关专业分包的要求和选择的方法。必要时，建设方和相关工程参建的咨询服务方可参与和见证对分包的考察和招标情况。

2. 各专业分包中标单位应具备相关专业的执业和施工资质，施工监理应予以审查。对不符合要求专的业分包单位，施工监理有权取消其承揽相关专业分包的资格，并向建设方报告和备案。

3. 分包工程的合同相关条款应与施工总承包合同的相关内容相匹配，相关费用由施工总承包在工程总承包的合同总费用范围内给予支付。财务监理应在相关控制目标范围内协助建设方把关，不能因为专业分包费用增加而作为提高总承包费用的理由。相关分包的合同应报建设方、项目管理、施工监理、财务监理备案，以便监督相关专业分包工程按照对施工总承包的要求实施。

4. 施工总承包负责分包单位的全部安全管理工作，分包单位的安全责任包括在施工总承包的安全责任范围内。

5. 施工监理应在现场参与施工总承包对专业分包单位监督、管理和工程的质量验收；但对专业分包单位的相关工作要求,施工监理应直接与施工总承包联系和协调，避免工作层次、程序等问题上产生管理模糊或混乱的状况。

6. 专业分包工程的资料应纳入施工总承包的项目资料体系，按照项目资料管理要求，由施工总承包统一负责管理，同时接受施工监理的监督和检查。

7. 除特殊情况和需要外，建设方应回避肢解工程承包合同的违规做法，不应指定专业分包。 但建设单位有权可向施工总承包建议和推荐，并纳入施工总承包招标或比选范围内统筹考虑和安排，由其负责与这些专业分包单位签订分包协议，承担这些专业施工工程，并纳入施工总承包内部管理的范畴。

第二十六讲　工程竣工的专业检测和验收

内容要点：竣工工程需有多项专业检测和验收工作的要求，是竣工工程符合社会各项专业管理要求的证明，也是确保工程各项专业指标合格的重要措施。工程建设项目专业验收指标通不过达标要求，则影响规划和城建档案馆资料的验收通过。因此，务必重视项目建设竣工后的各项专业验收工作。一般专业验收工作，应尽量安排在工程备案验收前进行。鉴于工程竣工备案验收仅对建安工程的质量进行确认，故目前可不与竣工备案验收挂钩。

工程竣工有许多专业验收的要求，包括防雷检测和验收、空气检测、环保检测（包括污水排放水质指标检测、废气排放指标检测）及验收、规划竣工测量和绿化、规划验收、节能措施实际效果的检测和验收、人防工程专项验收或人防费缴纳的结算证明等。所有专业技术的检测和验收需有第三方的专业施工鉴定合格的证明，施工工程才能满足工程符合的各项专业指标的要求。因工程实施的所有设备、材料均经施工总承包落实并使用在工程上，故所有检测费用应由施工总承包承担，并在工程承包投标时予以闭口承包的承诺。但是，因特殊原因必须采用建设方确定的设备材料，其检测费用应包括在指定供应商的承包和采购合同中。为了避免施工总承包与检测单位之间的不规范操作，根据规定，检测单位必须由建设方委托并签订委托合同，所有委托检测费用的支付由建设方负责，并在相关施工承包费用支付时扣除。这一点应在施工招标时予以明确，同时应在合同中予以明确，还需财务监理注意在合同签订和合同付款时加强掌控。因项目管理需对专业检测的委托进行相关的工作协调，现将项目管理工作在这些工作中的实施要求、注意事项，归纳如下。

1. 防雷检测和验收

工程在初步设计征询时，应向防雷办征求设计文件的审查意见，施工图设计也是按照防雷办要求进行相关的防雷设计的。则工程竣工时，就需建设方出面委托由防雷办确认和有资质的防雷检测单位，对竣工工程进行工程防雷指标的实地检测。

当工程施工结束，施工监理应该对照防雷办和工程防雷规范的要求，在施工总承包自检合格的基础上，对工程各项防雷规范和措施的执行进行预检。当施工监理鉴定工程防雷符合指标要求，就可报建设方办理防雷检测委托手续。经防雷检测完成后并提供一份防雷检测合格的报告，当检测数据不能符合规范的指标要求时，施工监理就应协同施工总承包进行原因分析，并对检查出来的问题进行整改，整改后再由检测单位复测，直至检测结果合格为止，全部整改和复测费用也应由防雷措施施工单位承担。

建设方持合格的防雷检测成果报告，向防雷办申报防雷设施竣工验收。防雷办在对照经防雷检测成果报告到现场进行实物核对，确认防雷验收合格后，即出具建设工程防雷验收合格证。此时，防雷专业验收即告结束，方可结算防雷工程的相关费用。

2. 工程建筑沉降测量

工程完成后必须由建设方委托具有专业资质的检测单位进行测量并提出专项沉降观测报告，目的是避免施工单位对该工程后期工作的缺失或避免工程结构的设计和施工存在隐患。

在工程测量中，已经委托规划测量单位进行红线定位和水准点的测量。建设方可将工程出±00、结构封顶、竣工测量，以及建设工程按照规定的沉降测量一并委托该测量单位进行。通过扩大测量工作范围和工作量的委托，除了明确全部需要执行的工程检测工作要求外，也取得降低委托费用的谈判条件，从而得到降低工程全过程测量费用的效果。

选择测量单位应考虑检测机构资质覆盖工程各项检测需要的能力，并考虑服务质量，合理、优惠收费的因素。财务监理应对全部测量工作报价审核、控制。考虑建管办对一个项目的测量工作应委托一家检测机构的要求，在执行中应注意工程测量单位的统一委托。

沉降测量在基础工程施工到完成±00时，可测得建筑工程的基础相对标高值。在工程结构施工中期和结构封顶，以及工程竣工使全部建筑工程载荷达到满载后，分别对基础标高进行复测，将取得的各阶段测量数据与结构±00的标高测量值进行对比，即可获得工程各阶段的沉降变化量。当各阶段建筑物沉降量控制在设计允许的沉降范围内，且各点的沉降变化值都比较均衡；则将竣工建筑物总高度完成时总载荷取得的±00的水准数值，作为合格工程竣工时的初始沉降量，并将该资料作为竣工工程沉降量合格的文件，供竣工备案资料编制和审查使用。

为了保证并说明工程建成后沉降的稳定性，工程沉降量测量还应延续一段较长的时间。建议在正常情况下，竣工后的前三个月，每月测量一次，三个月后的一年内，每季度测量一次，竣工后第二年每半年测量一次，第三年末再测量一次。如果沉降量绝对值逐渐减小，且总沉降量控制在设计允许的总沉降量范围内，说明建筑工程的沉降逐步趋向稳定。在基础和结构施工中，当设计和地质勘察，以及施工监理都鉴定认为不存在影响工程结构稳定的质量问题，则说明施工总承包单位实施的工程结构是属于基本可靠的。当沉降测量的结果有超出允许范围且变化速率较大，或各点沉降有较大不均衡的情况时，应快速进行成因分析，特别对有沉降速率大的情况，则要求施工监理及时调整测量周期，加密测量次数，必要时应组织专家进行会审，再根据实际分析的情况提出相应的应对措施，确保建筑物达到稳定沉降和安全使用的目标。

在签订测量委托合同时应注意，应将全程的测量工作作为一项测量委托的完整工作整体，应一次性签订全部测量事项的委托合同。应注意的是，在完成一定阶段的测量并收到该时段的测量报告时，方可支付相应阶段的测量费用，避免责任不落实。在实施这项工作时，建设单位应指定专人负责这项工作执行的协调和检查，特别是竣工备案后的测量工作，届时已无项目参建单位人员在场，更需建设方自行按时协调并实施竣工后期建筑物沉降测量的工作。建设方注意各阶段的测量资料均需统筹安排专人负责，保证测量资料的系统性和完整性，并保证委托测量合同的要求得到全面落实。

所有竣工前的沉降测量资料在工程备案验收前均应整理成册，供安质监站在工程竣工备案验收时检查使用。后期的沉降测量资料完成后，应及时补充到建设单位自己保存项目竣工资料的相关部分中去。

3. 项目节能工程的竣工备案验收

目前，竣工备案验收工作中有工程节能的专项验收，按照目前的规定，必须办理项目节能措施实施证明，并对实施项目进行实地抽样检测鉴定。这项工作有许多节能子项目，目的是确保各项节能措施都能切实落实，同时配合做好安质监站对节能强制性规范执行情况的检查。通过客观、公正地提供节能措施检查依据，也有利于加强施工承包、施工监理在节能工程施工中执行规范的责任性。

建筑节能措施实施证明的办理应准备以下资料。

3.1 建设工程施工图设计文件审查合格书（复印件）。

3.2 建设工程施工图关于节能设计及节能设计的变更文件（必须盖有审图章）以及相关的节能计算书。

3.3 施工监理单位签署对节能措施落实的审查意见，并盖有施工监理单位印章的民用建筑节能审查备案登记表。

3.4 盖有施工监理单位印章的建筑节能的专项质量评估报告。

3.5 施工总承包单位提供一式三份并盖有施工总承包单位印章的建筑节能工程施工竣工验收报告。

在现场检查的抽样鉴定中，会发生一定的检测费用。按照招标委托，此项费用虽然由建设单位支付，但是与其他检测费用一样，在招标时应要求施工承包单位自报并包干使用。这项工作在招标时应有明确的规定和说明，财务监理应注意在工程结算的应付工程款中扣除。

不能忽视所有检测费由施工总承包报价的这项工作。因这是一项可能重复的复测性工作费用，必须在现场检查验收时才会明确具体检测费用金额。若不向施工总承包明确报价要求，就会产生难以在工程承包费用中承付的情况，必须改在建设单位管理费中支出，于是就扩大了建设单位管理费支付范围，增加建设单位管理费目标控制的难度。因此项目管理在统筹此项工作时，务必要求财务监理和招标代理提前做检测费用委托施工总承包一次报价闭口承包的工作，并做好相关的把关准备。

彩铝门窗的保温性能检测是涉及节能检测验收的一项工作内容，各建设工程质监站一再要求严格按照同一建设项目一份专项检测报告的规定。因此，对彩铝门窗的专项检测，一方面是执行项目委托专业检测机构的原则需要，另一方面检测单位必须同时具备门窗四性检测（主要指室外窗户加工的密封性、保温性、防水性、安全性，其中密封性、保温性具有与节能检查的相关性的业务资质。

门窗的四性检测一共要检测两次。第一次检测是在加工订货时，对制成的外窗整件进行抽样检测，达到检测标准，取得合格证书后方可进行安装，否则施工监理有权制止进场和安装。如果两次以上检测不合格，说明制作安装单位不具备生产合格外窗的条件。施工监理有权禁止其进场和安装，并应建议建设方责令施工总包方更换合格的生产单位。直至合格为止（所有外购件、外协件均可采取这种方法处理。因产品不合格发生的两次检测费用，应该采取谁订购谁支付的处理方式）。另一次检测则是竣工阶段的工程外窗实地验收，委托测量机构对已经安装好点外窗进行防水测试，以及门窗和墙面的室内保温测试，约定测试时间，按照相关约定的准备要求操作并完成测试后，提交测试报告，指标合格的即通过门窗保温、防水测试。如果指标不合格，则应复测，复测费用由施工总承包单位追加承担。对于复测不合格的门窗和墙面保温工程，施工承包单位应在施工监理监督下，完成不合格工程返工或更新的修缮，直至检测合格为止。

节能验收还包括动力设施的节能效率、采暖通风设施的节能措施落实情况、用电线路材料的节能和安全效能等，所有检测验收资料应按照节能验收的规定予以准备，并做好验收的配合工作。

4. 室内空气检测

工程竣工后,必须对工程各个建筑空间进行室内空气质量检测，保证空气中有害物质的含量控制在规定指标范围内。室内空气检测前应首先进行有专业资质的室内空气检测单位的委托工作。由于室内空气检测是根据房间大小的分类进行比例抽检的，在确定抽检房间后，注意在检测前的一段时间内,至少应保持被抽检建筑各空间良好的通风条件，新购置的家具应避免在检测前放入室内。即使检测后，家具放入后也要保证一定时间的通风条件,以有利甲醛等有害成分的消散。

检测前,检测单位会按照规定明确检测的注意事项。空气检测后，检测单位提供检测报告，作为环保验收评判合格与否的依据之一。

空气检测费用的结算、支付同前测量、检测费用支付方法。

5. 环保验收

除室内空气检测外，还包括上水水质检测、雨污水排放质量的检测、厨房的油烟排放指标检测、其他废气排放指标的检测等。所有这些检测都必须委托备有相应专业资质并被认定的检测单位进行，在委托合同的费用经由财务监理审核后，在委托合同或协议签订后，并按照规定支付规定的费用后，再进行检测操作。检测费用的结算方法同其他检测工作的费用。

另应注意的是，在环保验收之前，建设方必须完成固体垃圾清运的委托和总体各种排水管道定期疏通清理的委托合同。在环保验收时出示，确定各类废弃物均有安全处置的措施，不会有对工程周边环境造成污染情况的发生。对于有医疗废弃物（医废）处理要求的，应委托有医废处置资质的单位进行医废处理，并签订医废处置委托合同。提供给验收机构检查，没有这项资料，经被认为环保措施不落实而被判定环保验收不能通过，所以建设方和项目管理也不能忽视这项工作。

5.1 经委托手续办理后，上水水质检测由卫生防疫部门确认资质的单位到现场从上水管道直接取样，然后送化验室检测，待出具自来水取样检测报告供环保验收时核查使用。

5.2 雨水和污水目前实行分流制，除雨水排入雨水管道外，其他污水均排入污水管道。注意，非雨水千万不可接入雨水管道，否则验收不能通过。污水经污水管道进入污水检测井后，再排入城市污水管道。污水检测井由排水处确认的专业施工单位施工，并按照相关收费标准收取污水检测井建造费。污水检测井一般设在项目红线内靠近污水管出口处，用于对排出污水所含各项废弃物质的含量进行检测，要注意使用时防止重大有害污染物质集中从污水管排出。含有医疗废弃物的污水必须进行二级生化和消毒处理，并经检测合格后才颁发合格证明。

5.3 有车辆冲洗保洁要求的建设单位，应注意车辆冲洗的污水应集中后引入污水排放管道，否则错误排入雨水管道，会造成雨水检测不合格。此事也应向设计单位、施工监理及施工总承包交代清楚，避免影响环保验收。

5.4 有医疗废水排放的，应事前通知设计单位设置专业的二级生化消毒的处理装置。医废二级生化消毒处理装置，应选择有资质的专业生产单位备置。委托合同应保证设施通过验收，否则相关设施费用的不能支付。医疗废水应通过二级生化处理设施排放，当医疗废水处理设施出口处检测废水中有害物质的含量小于指标控制的规定，报告即为合格，并可提供环保验收核对后，批准纳入市政污水管网。医废的二级生化消毒处理装置，还应做好定期维护保养、定时更换过滤材料的工作准备，保证设施常年正常使用，这在医废处置设施购置安装合同中均应有相关明确的责任说明。

5.5 废气排放检测，即对厨房油烟排放经油烟净化分离设备处理后的排放气体进行各种有害物质排量指标的检测、对锅炉燃烧尾气进行有害物质含量指标的检测等。检测排放废气中的有害物质含量指标是否控制在规定的范围内，所有检测合格的报告，统一提供环保机构验收时鉴定使用。

6. 消防验收

消防验收是涉及工程安全使用的重要验收项目之一，主要涉及事项如F。

6.1 施工图审图合格证书。

6.2 工程消防设施、防火建筑材料和消防器材是否按照经过审图的施工图纸配置和施工。

6.3 防火建筑材料的购置和检测证明是否齐全，并符合防火规范、标准的要求。

6.4 消防设施实际安装位置是否适应实际消防操作的需要，消防管道是否按照规定用红色油漆进行消防水管的涂装标色，并用白色油漆箭头标志标明消防水流流向等。

6.5 消防设施中附属器材，如灭火器、消防栓、消防水枪、消防水带等配置型号、规格、数量等是否都符合设计和实际操作的需要，并有明确的有效使用期说明。

6.6 消防备用水箱、消防泵实际设置是否符合消防实际操作的需要，正常使用和备用的水泵、管道、阀门是否能正常切换、出水。消防水泵房是否按规范明示操作管理制度，并制作值班人员以及操作方法等各项说明的上墙铭牌。

6.7 消防喷淋管道是否独立设置，实际安装是否符合规范和实际操作。

6.8 消防烟感报警器安装位置是否正确，烟感传感器反应速度是否控制在规定范围内。

6.9 消防报警控制室设置是否规范，各种信号传输速度是否满足规范要求，监视设备能否正常运行，以及消防管理制度、消防管理组织机构、应急联系电话等应急处置方案是否上墙明示；相关值班记录制度和记录是否建立健全。

6.10 各个消火栓开启后，实际出水情况能否满足消防灭火要求。

6.11 建筑配置的消防电梯，是否能按照规定具备火灾状态下的专项运行设置。

6.12 各个人居空间的房门内侧，是否都设置了消防和紧急疏散的图示。

6.13 因火灾和应急事项必须具备的应急照明、应急指示灯具是否按照规范安装，并能按规定要求启动。

6.14 特殊环境的特殊消防设施、设备是否按照特殊要求设置和安装，并按规定管理存放，如档案资料室、易燃易爆物品储存库房的消防设施，并保证器材符合特殊用途、环境的功能要求。

6.15 总体道路的消防通道是否环通。设置有断头路的，是否按规定设置消防车辆回转场地。

6.16 项目各单位工程之间的安全消防间隔距离是否符合规范要求。

6.17 总体消火栓、连接器布置位置和数量是否符合规范要求。

上述要求均是消防检查验收的内容。建设方和项目管理应事前督促施工监理组织进行预验收并参加检查，落实上述事项，保证消防验收能顺利通过，并保证建筑工程竣工后投入使用也能正常发挥作用。

7.交通设施验收

交通验收由交警总队或各区的交警支队建管部门实施，主要检查工程总体交通设施是否符合申报批准的交通组织方案。具体应注意落实以下事项；

7.1 总体内的道路是否合理安排人车分流和组织车辆流向，路面车道分隔线、行车指示方向是否按照标准进行画示。

7.2 项日通往市政道路的车行大门口是否设置减速带，并树立减速和限速的标志牌，车辆进出的大门是否安装警铃、警灯，并能正常控制和使用。

7.3 易出现事故的道路前端是否按规定设置减速带。

7.4 有地下车库的出入口设置是否符合规范要求。

7.5 地面和地下车库车辆的行车路线组织和标识是否同样以交通流线组织原则设置，关键和易产生事故的行车路线是否安装避让和防范标识装置等。

建设方和项目管理对上述各项事项也应督促施工监理组织竣工前的预检，并参加验收，对不符合要求的工程进行整改，保证交通设施顺利通过验收，也为工程交付使用后能正常发挥车辆和行人安全通行的作用。

8. 绿化验收

项目竣工的绿化验收测量工作合并在项目竣工规划测量时一并进行，测量报告应测定项目绿化部位的布局位置，并报告各块绿化地的面积。绿化机构验收人员可以根据报告核对相关绿化面积达标的情况。现场绿化验收主要检查实际绿化苗木种植与批准绿化方案的符合情况，包括草坪和苗木分布比例、苗木中草本与木本植物比例、木本植物中乔木和灌木的比例等是否合理，以及绿化苗木的生长和成活情况，同时检查绿化工程的施工资料是否齐备，检查绿化种植分包单位的执业资质，责任人员以及苗木养护责任的落实情况，同时准备绿化养护合同备查。绿化合同应包括一年以上的养护保活期，一年内未成活的苗木应督促施工总承包责成绿化工程分包复种，保证合同规定的成活率。

对于建设单位最主要的是绿化面积是否符合规划要求的绿化面积指标要求。绿化面积的控制按照前设计要求执行。在绿化施工和竣工时，建设单位一定要关注除绿化种植的布局外，必须保证规定的绿化面积达到指标要求。同时，要注意落实绿化工程竣工后的保质期养护和成活率指标的完成。

9. 规划验收

规划验收是项目竣工验收的重要组成部分，是由规划部门检查竣工项目的实物与规划审批要求相符合程度。在规划验收前，应由建设方或项目管理在网上申报规划验收申请。按照规定完成申报后，应委托测量单位对竣工工程进行全面的测量。测量内容包括以下几项。

9.1 竣工建筑总体的坐标测量，检查其与规划许可证批准的坐标要求是否相符，误差是否控制在规定的范围内。

9.2 竣工各单位工程建筑与退让道路控制红线距离的测量（包括绿化和河道控制线等），验证其是否与批准的规划要求相符。

9.3 总体绿化种植的面积测量，检查绿化面积是否达标。

9.4 各个单位建筑的外形尺寸测量（包括水平和垂直高度的尺度），确认其符合规划批准要求的程度；规划测量单位的工作结束后，会提供项目竣工的专项测量报告。此时，可协调规划验收部门确定实地验收的时间，并提交规划验收测量报告。

规划验收时检查人员主要到现场根据规划测量报告进行逐项核对，确认无误后，发给规划验收合格证明，供工程竣工综合验收或工程竣工备案验收时检查资料使用。

10 竣工档案资料验收

工程竣工后按照竣工资料报送城建档案馆的要求,将建设方、施工承包方、施工监理单位提交给已经委托的竣工资料编制单位，按规范进行竣工资料整理、装订。竣工资料一般应完成三套（不包括施工总承包和施工监理单位自行保管的归档资料），一套报城建档案馆存档，两套送回建设单位存档保管。城建档案馆和建设单位资料按照规范的目录要求进行整理，建设方存档的资料涉及项目建设全过程资料（包括形成文件的审查、决策过程资料，用以项目审计工作时使用，过程资料经审计后，建设方可决定其保存和撤销与否，前提是审计有结论，并在项目决算批准后，不再检查这些资料。建设单位的两套竣工资料，一套带有原始资料的归资料存档保管，一般不随意提供借阅；另一套基本是复印件的竣工资料，可供运行、维保借阅使用。当提交城建档案馆资料通过验收，收存归档后城建档案馆会出具档案验收合格证明，并向安质监站补交完善竣工备案资料。

11. 本阶段主要的资料工作

11.1 收集和整理各项专业检测报告,检查、比照专业批复指标的符合情况。

11.2 收集和整理各项专业验收的竣工资料。

11.3 编辑各项专业验收检测和验收资料的单项资料目录，并将装订各项专业验收成套资料，归集到竣工资料专用的资料盒中。

11.4 编写各项专业检测和验收的工作报告总结各项专业技术工作，为备案验收和今后项目管理工作的提高做好准备。

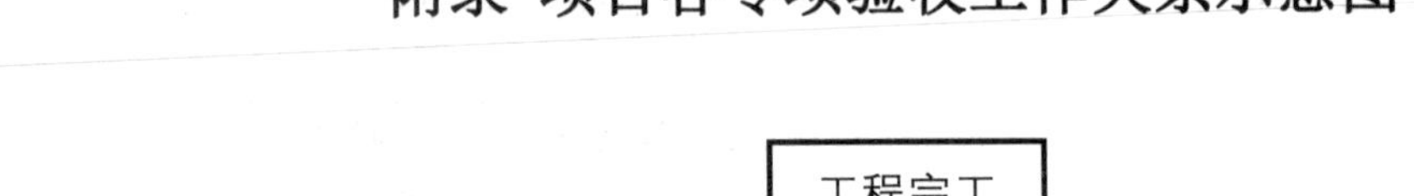

附录 项目各专项验收工作关系示意图

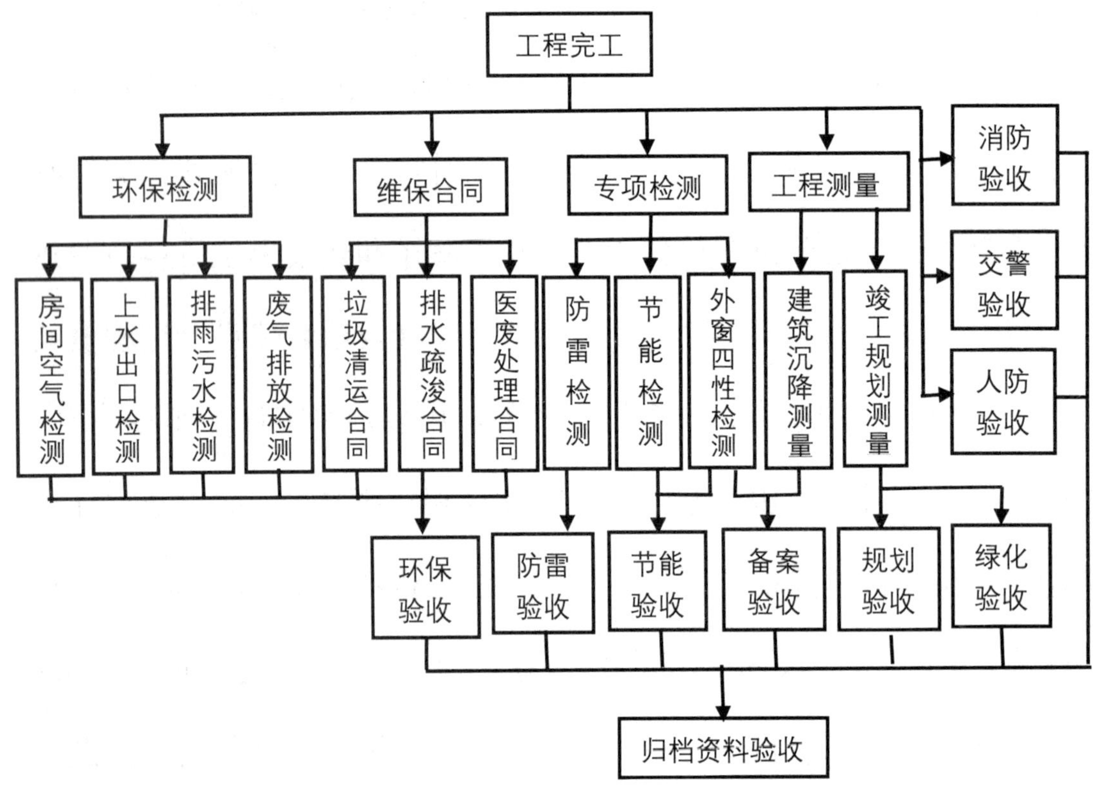

备注：有人防工程的建设项目，除一般建安工程的质量验收按照安质监站要求进行外，专业的人防验收按照人防的相关规定进行。无人防工程的建设项目则办理人防建设费结算手续后，领取缴费证明申报备案即可。

第二十七讲　项目竣工备案验收

内容要点：项目的竣工备案验收工作是由建设方负责组织，在安质检站监督下进行的一项重要的工程竣工最终验收工作，旨在对完成建设工程进行全面的质量检查。通过验收核准备案后，建设单位将从施工承包单位处接收竣工工程。因此，建设方和项目管理必须高度重视项目的备案验收工作。

1. 工程竣工备案验收准备

项目的竣工备案验收，规定由建设方主持，安质监站参加。会前应及时协调安质监站安排合适的验收时间。竣工验收会议召开前，建设方和项目管理应布置施工监理检查并督促施工总承包做好竣工验收的各项准备工作；必要时应交代施工监理安排一次竣工验收准备工作会议和工程现场实物的预验收，保证相关竣工验收检查的资料和实物一一对应且无误。按照竣工验收的标准，先行检查工程中可能存在的问题，及时予以整改，保证正式备案验收能顺利获得通过。

按照以前规定，正式验收前，工程应完成各项专业验收，有防雷工程验收、消防工程验收、污水排放测试和验收、有无隔离池、污水检查井排放检测验收并批准纳管、室内空气检测、废气排放检测以及环保验收、绿化验收、节能保温工程验收、交通设施验收、工程沉降检测、规划测量和验收、竣工资料城建档案馆验收等。目前，开始执行新的要求，建设项目相关专业验收成果不列入备案验收必要条件的范围，所以备案验收可与各项专业验收平行进行。因为工程备案验收主要涉及工程施工质量的验收。专业验收合格的证明资料只要项目归档资料报城建档案馆时备齐并符合要求，即可视作为全部专业验收通过，这样专业验收周期的时间安排就可以相对宽松，但是不能因为宽松。放松对这项工作的重视程度，从而影响整个工程最终完美备案的效率要求。

备案验收前，必须完成施工总承包、施工监理、设计和勘察的竣工验收质量评估报告，并对完成的工程各项资料（主要是施工总承包、施工监理资料以及建设方前期建设程序完成的全部资料）核对整理、装订成册、归类存放。在进行内部工程预验收时，务必使施工实物与执行的设计文件等各类资料都应相互对应落实并印证无误后，先在网上申报工程备案验收的申请，通过后便可安排、协调管辖的安质检站确定具体工程备案验收的时间。

网上申报备案验收申请，应下载规定的备案验收申请表格，填报工程概况、项目表、验收小组成员等。验收小组组长由建设方代表担任，验收小组成员应由管理单位、设计单位、勘察单位、施工监理单位和施工总承包单位的委托代表组成。同时，建设单位应出具建设单位验收代表的法人委托书，并按照安质监站同意的验收时间和发出竣工备案验收通知单，由建设方盖章后发给相关与会单位。接到竣工备案验收会议通知的单位，届时应准时到通知指定的会议地点参加工程竣工备案会议。

有时，安质检站认为需要，也会安排一次由安质检站参加的工程备案验收的预验收，即对建设项目备案验收条件成熟情况的检查。目的是在正式备案验收前，检查各方面准备工作的落实情况，并及时组织施工单位对存在的问题进行整改，保证正式备案验收工作程序顺利完成，通过验收。

2.工程竣工备案验收会议程序

2.1 会议签到。各与会代表办理签到手续，安质监站也有一份备案会议签到登记，用作安质监站备案验收资料.如为避免重复，会议纪要的签到可复印并使用安质监站的签到记录。

2.2 会议主持。项目竣工备案验收会议由建设方主持，项目管理可代行主持会议，由建设方领导做备案验收会议的总结发言。

2.3 宣布项目竣工验收会议开始。由会议主持宣布项目备案验收会议开始，并介绍与会各方代表和会议议程。

2.4 建设项目实施情况介绍。由建设方代表或项目管理介绍项目概况、项目建设前期工作和工程实施的综合情况。

2.5 工程实物检查。由会议主持宣布土建、安装和资料三个验收检查分组情况的安排，各与会单位人员按照各自专业职责分工情况分插在相关检查组中，并安排临时召集人分头到实地进行工程和资料的检查，同时做好各组的检查记录。

2.6 检查情况汇总。实物检查后，各检查小组回到会议场所集中，汇总各项检查工作的情况。

2.6.1 由施工总承包代表介绍工程实施情况，并提出自行评定工程质量等级的意见。

2.6.2 施工监理代表介绍工程项目施工及监理工作实施的情况，并对工程质量提出施工监理评定等级的意见。

2.6.3 设计单位代表提出工程设计在施工过程中的落实情况，并表明设计单位对竣工工程的质量等级评定的意见。

2.6.4 由地质勘察单位代表介绍项目地质勘查工作情况，以及工程设计与地质勘察成果的吻合情况和工程实际工程实施与设计、地质勘查文件吻合的情况，并提出地质勘查单位对工程质量等级的评定意见。

2.6.5 由建设方代表或由项目管理单位代表建设方综述建设工程实施情况，并对工程质量等级提出评定意见。

2.6.6 建设方领导或代表做项目竣工备案会议的总结发言，表明建设方对工程实施情况的意见，并给工程质量评定等级。

2.6.7 安质监站代表提出工程竣工验收监督的意见，对土建、安装、安全、资料等工程各方面情况提出检查的情况，并宣读竣工备案验收的结论。

2.6.8 会议主持宣布竣工备案会议结束；或明确相关整改事宜落实要求的意见，以及复验的安排。

3. 竣工备案会议后的工作

3.1 对工程验收存在问题的，安质监站会在会议上提出整改要求，并以书面形式当面送达各相关人员签收，布置相关参建单位对质安监站提出整改意见的整改工作要求，落实工作计划和整改措施；并确定整改周期及复验时间；

3.2 根据安质检站对监督备案验收的整改的要求。督促施工监理监督施工承包进行工程实物和工程资料整改工作，并对相关整改工作进行整改质量的验收；验收工作结束后，将有关整改的情况按照规定形成书面文件资料提交给安质监站，由安质监站决定是否需要再到现场进行复验；不管现场是否进行，直至安质监站认为符合备案验收瞧见，发给备案验收合格证书，告备案验收结束。如果安质监站认为需要复验，则按照备案验收程序再到现场对整改项目进行一次验收，直至安质监站认为符合备案验收条件，发给备案验收合格证书为止。当安质检站提出整改意见时，施工监理应监督施工承包单位整改工作的实施，并在整改后对施工承包单位提交的整改报告签署核准意见，报安质监站备案，必要时应附整改前后的照片资料，证明整改事项的执行情况。

3.3 取得备案验收合格证后，可根据需要，复印备案验收合格证发给各参建单位备存。

3.4 甩项处理。如果涉及个别不影响工程使用的小项目，因各种原因不能马上实施，则应事前与安质监站协调，经安质监站同意后下达书面通知，作甩项处理，不列为竣工验收的范围。但是作为施工总承包工程的一部分，施工承包单位必须在备案验收后，继续按照工程承包合同的要求完成相关甩项工程的施工。施工监理还应承担这部分工程的监管工作，直至完成甩项工程并按照规范要求形成相关资料归档为止。如果，安质监站认为这部分工作也要进行复验，则应按照验收的相关要求办理。

4. 本阶段主要资料工作

4.1 检查申报备案验收的全部资料准备情况，保证备案验收工作检查的需要。

4.2 因城建档案馆接受项目竣工资料时尚未完成工程备案验收，备案验收合格正尚未取得，故备案验收结束，应向城建档案馆补交备案验收合格证书（正本）。用竣工档案接受证明换取项目档案资料合格证书，收存在建设单位保存的归档资料中。

4.3 收集、整理全部竣工备案验收资料，并按照竣工资料建设单位归档要求，将建设单位应保存全部工程资料系统整理后归档。

第二十八讲　项目竣工后项目管理的延续工作

内容要点：工程竣工备案完成仅标志工程施工完成，从项目建设的角度看，还有一系列收尾工作尚需继续进行,包括工程移交、工程保质期的管理、参建各方借用甲方用品的归还、各项委托合同的尾款结付、工程决算、项目决算、建设方的项目资料归档移交等。必须将这部分工作全部自诩地完成，建设项目才告全部结束。

工程完成竣工备案验收，取得备案验收合格证书后，作为工程施工的过程可以视作已经完成，但是从项目管理的角度，还有以下事项需要完成。

1. 工程决算编报、决算审核和决算工程款支付

是指对施工总承包单位根据合同和相关补充要求完成的工程,编制工程决算，报施工监理、财务监理和项目管理审查，并递交建设方审批后,方可进行全部工程款的结算支付。决算步骤拟按以下要求进行。

1.1 由施工总承包单位编制工程竣工资料,包括项目建设的竣工图、设计修改通知、技术核定单、签证单、报价单，先报施工监理审查。

1.2 施工监理对施工承包单位申报的决算资料审查主要包括以下事项。

1.2.1 竣工图纸与施工工程的实物是否一致。

1.2.2 竣工图纸中涉及设计变更、技术核定的相关依据资料是否齐备，图纸和变更依据相互印证的标注是否符合规范要求。

1.2.3 相关签证单、报价确认单及其审核手续是否齐全，是否符合初始审核的状况。

1.2.4 检查施工承包单位有否合同违约的记录，且这些记录是否涉及与合同相关违约处罚条款。若有，则应在施工监理相关审查意见中应一一说明，并给予按合同规定的处理意见。

1.2.5 编制施工监理对施工总承包工程决算中工程量和质量的审查意见，将上述各条审查意见简明扼要地系统成文，并由施工总承包确认后，移交财务监理进行决算。

1.3 财务监理的决算审查工作。财务监理接到施工总承包决算资料，包括施工监理对施工技术文件和现场施工签证情况的审查确认意见，根据工程核算的规则、工程合同的约定，以及实际工程实施中建设方书面确认意见的资料审查和工程投资控制计划目标执行情况，审核施工总承包申报决算的准确和合理性。主要审查工作应注意以下方面。

1.3.1 施工总承包申报的工程质量、工程进度和工程量，现场安全以及施工承包合同违约条款的检查等情况，是否得到施工监理的确认。

1.3.2 在项目工程的施工阶段，投资控制目标是否存在政府政策调整和项目实施具体条件的变化，是否有需要在决算中进行调整的内容。

1.3.3 按照施工监理对决算工程量的审查意见，对照施工总承包中标的商务标投标报价和项目投资控制计划目标的执行情况进行工程总造价审核,并按照申报批准的签证单、报价确认单，对调整费用进行审核。

1.3.4 所有施工总承包申报的决算审核完成后,财务监理应与施工总承包协调，说明决算审核和调整的情况,并由施工总承包对审核意见办理书面确认手续。

1.3.5 财务监理将施工总承包决算审核意见和其签署确认的意见，汇总编制决算审核汇总表，经施工总承包签署确认意见后，将决算审核的情况报告报建设方审批,建设方经审查认为决算审核意见符合实际情况，即批准决算，工程即可进入结算工作阶段。

1.3.6 由于工程在竣工后进行一次性决算可能需要较长的工作周期，所以在工程施工时，相关竣工资料和分阶段决算工作可以在工程相关阶段完成时分阶段进行。一般可分三个阶段,第一阶段为±00,基础工程完成验收并完成基坑土方回填；第二阶段为结构封顶，并完成填充墙的二结构施工，以及埋墙管道敷设和墙面管道的覆盖，同时完成结构验收；第三阶段工程内外装饰工程完成，并完成相关工程附属设备安装；第四阶段为总体工程完成，第四阶段视实际情况也可并入第三阶段，结算时一并执行。

在进行每个阶段的工程结算工作时，施工总承包都应按照决算要求，递交相关工程阶段的竣工技术和结算资料。施工监理和财务监理分阶段对相关工程进行结算审查，这样可将决算工作化整为零进行。一则可充实平时的工作量；二则可及时完成相关竣工资料和结算手续，避免工程资料和结算事项的遗漏或增补，扰乱决算工作的进程；三则可缩短工程总决算工作周期，加快工程总结算的进度。工程总决算仅将前分阶段结算的成果与最后阶段的结算工作资料汇总，相关的阶段结算工作可参照前完整的工程决算要求进行。一旦执行分阶段结算的方法，经施工总承包书面确认，就不允许对已经完成结算的工程再进行调整，可督促施工承包及时完成相关阶段的竣工和结算资料，避免工作遗漏和失误。

2. 工程移交及建设方提供工程施工临时借用物品归还

2.1 工程资料移交。报送城建档案馆的资料已经经项目管理协调施工监理、施工总承包等相关参建单位，按照城建档案馆的资料目录要求，委托竣工资料编制单位完成竣工资料编制后，报城建档案馆验收归档；并将项目档案验收合格证，归集在竣工资料中。另外，向建设方移交的项目建设资料应按照建设方归档资料的目录要求整理，在委托竣工资料编制单位整理装订后,经逐一检查无误后，移交给建设方，同时办理相关的移交书面手续；委托竣工资料编制单位的竣工资料应有三份，但不包括监理单位、施工总承包等单位自留的资料。其中一份按档案馆要求编制的竣工资料交城建档案馆，另两份按照建设单位归档要求的竣工资料交建设单位。交城建档案馆的资料都应为原件。交建设方的两份竣工资料中，一份以城建档案馆归档多余的而建设方应保管的原件为主,其他无原件的资料可使用复印件；另一份则全部为复印件。带有部分原件的竣工资料应由建设单位档案室保管，而全部复印件的竣工资料可由建设方档案室保管供借阅查询资料用，也可由建设方的使用部门保管，为工程运行、维修、检查和改建工作查阅原始工程情况使用。如使用部门对原始工程进行部分维修改建，则应将改建完成的竣工资料补充到项目原始资料中，以便资料完整体现工程实际的使用状态。

在委托竣工档案编制单位编制项目竣工档案时，应要求编制单位将原件档案全部扫描制成一份全部原件的PDF格式的电子竣工档案文件。除档案馆需要时提供外，还应复制一份交给建设方，以备资料受损、缺失的检查、复验、校对和修复时使用。

2.2 工程实物移交。工程实物移交应由施工总承包做好以下准备工作。

2.2.1 施工总承包报告施工监理，协调移交时间，通知参加移交的单位和人员，并做好验收记录的准备。

2.2.2 移交工程各房间的钥匙，事前应制作钥匙板，将所有钥匙按照楼层、房间号串起来，并做好标记，逐一开门检查房间内的工程和设施情况。

2.2.3 开启相关电路、设备、水源、气源等设施和设备，表明各项设施可以正常运行的情况。

2.2.4 对工程和相关设施的一般缺陷进行记录，明确整改和复验的时间。

2.2.5 移交工程全部相关资料和文件，包括竣工资料（含电子文档）、工程质量保证书、维修承诺书和使用说明书等；参加验收的人员，特别是建设方的人员应注意资料的完备性。

2.2.6 专项外购设备，施工总承包应提供设备供应商的相关资料。除保修期间通知施工总承包安排供应商三包维修保养（维保）外，备施工总承包保修期结束后直接联系供应商进行维保工作和相关事项。

2.2.7 参加验收各方签署工程实物交接书，施工总承包为工程实物交验人。建设方为接收人，其他各参与单位人员可作为交接见证人。

2.3 工程质量保证书、维修保养承诺书和使用说明书的递交。工程质量保证书、维修承诺书和使用说明书是工程实物交接中除工程实物移交外一项非常重要的工作。

2.3.1 工程质量保证书。是施工总承包单位对工程质量的承诺，保证工程结构在设计规定的使用年限内能安全使用，并承担相关责任。这一项没有其他限定保质期的时限。对工程附属设施、设备的承诺应明确限定保质期内的安全使用条件。

2.3.2 维修承诺书。它是施工总承包对维修期内工程、设施、设备安全运行及时进行维修的承诺，以及各项工程、设施、设备维修保质期的时限；一般建安工程保修两年，外购设备、设施保修一年，建安工程中的防水工程保修五年（包括屋面和卫生间防水工程、外墙面和专用水池等工程抗渗漏应保质五年）。

2.3.3 使用说明书。工程的使用说明书是施工总承包单位竣工移交时必须向建设方移交的一份书面文件，说明工程各个系统使用和日常维保时应注意的事项。许多工程结束往往忽视这一项工作，客观上会给工程正常使用和维修保养带来一定的不便或麻烦。使用说明书应包括以下内容。

2.3.3.1 介绍工程所使用相关材料的特性及正确使用方法。

2.3.3.2 介绍工程各项设施的维护常识，以及一般可自行排除常见故障的处置方法。

2.3.3.3 介绍工程范围内各项设备的操作方法和规程，包括启动程序、运行操作方法。必要和需要时，施工总承包单位还应组织供货厂商的相关技术人员对建设方的操作人员进行操作培训，保证各项设备、设施正常运行。相关培训工作必要时应做好记录，证明此项工作已经进行过。

2.3.3.4 整理各专项购置设备的产品合格证书，以及与特种设备相关的检测合格证书、准用证书，说明产品的生产厂商、维修联系方式，以便保质期满后，由建设方自行联系维修保养的相关事项。施工总承包对这部分资料应整理移交清单，移交时应逐一核对实物，然后由建设方办理固定资产和低值易耗物品等管理手续。

2.4 向建设方借用物品的归还。为了保证参建各方的项目施工过程中能够顺利实施工程建设，建设方在合同条件外，为参建各方提供力所能及的住房、设施、设备等条件。在工程结束撤离时，各参建方应将借用建设方的住房及各项物品按照借用时登记造册的清单，逐一清点归还。参建单位应保证归还的物品如同借用时一样具备应有的使用价值，并办理好借用物品归还的签证手续。

3. 工程维保工作落实

3.1 施工总承包单位应将竣工工程保质期的维保人员妥善安排，包括保质维修期内的维修人员姓名、工种和联系方式报告施工监理、项目管理以及建设方，便于施工监理、项目管理和建设方进行相关维保工作实施落实情况的检查。必要时，施工总承包单位应安排一定时段的驻站维保人员，以备及时处理临时出现的工程缺陷。这些人员的生活条件应由是工程承包单位安排落实，建设方仅在可能的情况下协助提供可能的方便条件，保证维保工作正常开展。

3.2 施工承包总单位执行维保期工作即将结束时，应对相关维保工作进行检查，验收施工总承包维保工作的质量，以及保质期内的相关工程、设施、设备质量符合规定要求的维持程度。对于不符合保质要求的工程、设施、设备，施工监理应代表建设方向施工总承包书面提出整改、返修、更换的通知，并参与维保期维修工程施工质量的监督。施工总承包单位应及时安排相关的整改工作，直至达到工程、设施、设备在维保期内的质量要求。由施工监理、项目管理签署维保期工程质量合格的书面证明后，财务监理方可按照付款程序核定、签署并办理施工总承包维保期相应工程款的支付手续。鉴于政府拨款管理期末结算的要求，5%维修保证金可在竣工决算后按施工总承包合同尾款一次支付。但支付前，施工总承包单位必须将5%维修保证金以押金形式转入建设方账户，保证完成工程结算手续后，维修保证金制度继续有效执行。

3.3 工程决算款项的5%是施工总承包的工程质量保证金。其中4%在两年保质期结束，经验收合格后支付；1%防水保证金应在防水质质期五年期满经验收合格后支付。

4.工程结算支付合同款项

在完成各项竣工后的延续工作后，工程可进入最后的合同款项结算支付工作，工程最后结算支付应进行以下具体工作。

4.1 工程结算协议书。工程实际最终决算可能与中报合同签署的费用不一致，因为产生一系列的变更、签证和报价调整的情况，所以需要签署决算协议书，将有关工程决算价款与原始合同不一致的情况逐项进行说明，保证决算支付的依据充分。

4.2 保证金的支付。保证金是施工总承包单位执行保质期工作的资金保证，具体处置方法可参见本讲 3.2 和 3.3 的说明。

5. 销项工作

项目开工前所有备案、注册的事项，在工程竣工后，都应往原备案登记处办理注销手续，以示承担的任务已经竣工完成，可以继续承接允许经营范围内的其他工程项目委托、承包工作。其主要包括以下事项。

5.1 施工监理单位的项目销项，应由施工监理单位按照规定在监理合同备案手续办理处自行办理项目销项。

5.2 施工总承包单位的销项手续，其中还包括。

5.2.1 外来劳力用工社会保险费用的结案。

5.2.2 散装水泥和黏土砖使用情况和相关费用结算的结案。

5.2.3 项目经理承担施工项目的销项。

5.2.4 施工总监承担监理项目的销项。

5.3 建设方的销项手续主要是持项目竣工验收合格证、项目立项报建登记表和 IC 卡到报建的建管办办理项目报建备案的消项。

除了 IC 卡项目的备案消项由建设单位或项目管理方办理外，其他销项手续均由涉事单位自行办理。建设方和项目管理应提醒相关单位办理,否则影响建设方竣工备案全部程序的完成。

6. 项目决算和项目实施的总结

一项工程项目实施结束后，各参建单位应针对自己的工作进行总结，归纳各种经验、教训，以及参建工程的实施经历，对建设方提出各项工作的建议，使项目建设方和承担项目管理的单位在今后的项目管理中能够加深注意，更加完善地安排、计划、协调项目建设的各项工作，提高项目建设的管理水平。这也是一项不被一般项目管理人员重视的工作，特别是项目管理人员,工程管理是一项需要常年进行的本职工作。由于工程建设周期要比一般产品生产周期长，一生能够经历的建设项目数量有限，不管是项目管理单位还是项目管理参与者都应认真对待这项工作，使总结项目建设管理的经验、教训成为提高企业和个人提高项目建设管理水平不可缺少的环节。

6.1 项目决算。前面所讲的是工程决算，项目真正结束还需要经历项目决算的环节。不仅要对工程建设的费用进行决算，还应对项目前期程序工作在内的全部工程过程所发生的全部费用进行决算。将全部发生的各项费用与项目预算目标进行比照，检查项目投资控制的实际效果，以实际数据说明阐明工程投资管理的成效，并说明在工程推进过程中，各个参建单位在投资控制工作中发挥的作用，以及在项目建设的投资控制工作中存在问题，为今后项目建设的投资控制提供更为符合政策、符合实际情况有效的操作范例。

6.2 项目实施情况的总结。项目实施的总结是将项目从准备筹建开始到工程备案结束全过程的总结，主要应反映以下情况。

6.2.1 项目概况，介绍项目建设的位置、建设投资规模、项目用地面积、建筑面积、项目筹建和建设周期、工程质量概况、工程安全概况、工程验收交付使用情况、工程获奖概况等。

6.2.2 项目参建单位情况，介绍项目参建的选择和实际工作情况。

6.2.3 建设项目程序执行情况，对照政府对建设项目程序控制管理的要求，总结各项程序的执行经验教训，为新项目开展工作创造有利条件。

6.2.4 项目管理工作的情况，总结项目管理的方法、措施，以及这些方法、措施实施后的效果。

6.2.5 项目安全工作的情况，总结项目实施过程中安全工作的方法和措施，安全工作的成果,发生事故的分析、处理和整改的情况等。

6.2.6 项目质量工作的情况（包括工作质量和工程质量），总结项目质量工作采取的措施、效果等情况。

6.2.7 项目投资控制的情况，总结项目投资控制所采取的应对措施、方法，投资变更和审价的情况，以及工程和项目决算的情况。

6.2.8 项目其他项目实施过程中需要总结的经验教训。

上述工作结束后，应将总结资料报建设方领导确认，归集在移交给建设方的竣工资料中。项目管理应在各参建方总结项目工作经验和教训的基础上，归纳综合的经验教训，也为今后新项目实施提供借鉴的依据，有利于今后项目管理工作水平的提高。

7. 项目审计

项目审计是政府审计机构对政府投资建设项目的各项资金使用是否符合规定要求的审查。建设方和各参建的咨询服务单位都应及时予以配合。做好的审计配合工作是建立在项目各参建单位认真做好自己平时工作的基础上，使各项资料、记录都做得规范规整，表述事件明确、完整，因果逻辑推理清晰、合理，保证各项工作都事出有因，依据充分，可追溯，并对自己的工作成果承担责任。

审计过程中，各参建单位应及时按审计单位需要补充资料，供审计时了解项目实施情况和评价项目时参考。

审计结束，给予审计合格通过的评价，项目建设即告正式结束。

附录 建设项目产权证办理

建设项目的管理原则上进行到项目竣工验收完成，移交建设项目全部工程资料，完成项目审计为止，包括项目前期审批程序的资料。当采用代建制或项目管理有办理项目产权证要求并在委托管理合同中明确有办理产证的时候，项目管理还应进行建设项目产权证办理的工作。产权证办理需注意以下事项。

1.资　料准备

1.产权证办理由辖区房地部门受理，办理前应先到辖区房地产管理机构查询办理产权证应提交的资料。当建设项目实施时，各项项目建设的程序资料工作都按规定收存归档，办理产权证就不会产生资料不全的问题。

2.相关准备工作

2.1 经审计的项目财务结算应转入增加的固定资产项目管理。

2.2 申报资料。

2.2.1 办理建设项目产权证的专项申请。

2.2.2 工程竣工验收合格证明（原件，办理产证联）。

2.2.3 城建档案馆接收建设项目竣工资料的证明（原件，办理产证联）。

2.2.4 竣工工程总平面图和建筑图的竣工图纸及电子文档。

2.2.5 向房地产管理指定部门购置的地籍图（若是大幅，由数张组成的不用拼接，交由受理部门处置）。

2.2.6 竣工项目规划验收证明。

2.2.7 在办理建设用地许可证后办理的建设用地使用权证（原件，收回后发给带有建设用地使用权的房屋产权证书）。

2.2.8 申报竣工项目的专项测量成果报告。

3. 申报办理

3.1 编制报送资料清单，并按清单目录中的次序，顺序整理相关报送资料。

3.2 根据产权办理单位的要求，委托具有专项房屋测量资质的单位，缴纳测量费用后，进行竣工项目的专项测量并按时收回专项测量成果报告。

3.3 将报送资料送至产权证受理窗口，经检查合格后收取资料送达证明回单。

3.4 按照受理窗口通知的时间，凭资料收件回单，取回办好的项目产权证书。

4. 收尾工作。

将领取的项目产权证移交给项目的接收单位，做好交接手续。

5. 注意事项。

5.1 建设项目实施过程中的各项资料必须及时妥善收存，防止办理产证需要时发生缺失的情况，届时补办非常困难。

5.2 因为产证办理是项目建设使用方在接收项目后需要自行办理的事项，而项目管理仅仅是建设项目实施阶段的工作，所以产证办理费用，包括房屋专项测量费用、地籍图纸购置费用等办理产权证的一切费用都不包括在项目建设投资费用之内，项目管理需发生的工作费用也均不包括在项目管理费中。若需进行此项工作，相关费用成本的支出还应注意协调落实。